PUBERTÄT

Der moderne Erziehungsratgeber für Eltern - Pubertät entspannt angehen und eine bessere Bindung zu Ihrem Kind aufbauen

Autor: Anna Marie Wagner

1. Auflage 2020

Youventure! GmbH

Originale Erstauflage

Redaktion: ENKHCHULUUN LEEGE

Lektorat: Matthias Kramer

Druck/Auslieferung: Amazon.com oder eine Tochtergesellschaft

Impressum:

Anna Marie Wagner wird vertreten durch: Enkhchuluun Leege

YouVenture! GmbH

Rathausallee 76

22846 Norderstedt

Wir wünschen viel Vergnügen beim Lesen!

INHALTSVERZEICHNIS

Vorwort

Vorwort

Die Pubertät ist eine wunderbare Zeit. Das glauben Sie nicht? Dann haben Sie recht. Wobei: Ein bisschen wunderbar ist sie schon. Es kommt eben, wie so oft, auf den richtigen Umgang an. Das heißt, Sie haben es zu einem guten Teil selbst in der Hand, wie Sie und Ihr Kind oder Ihre Kinder durch die Pubertät kommen. Dieses Buch soll Ihnen dabei helfen, eine möglichst gute Figur zu machen.

Eines bietet Ihnen dieses Buch nicht: *Lösungen.* Aber halt! Bevor Sie jetzt die Flinte ins Korn und das Buch in den Papierkorb werfen, lesen Sie bitte noch einen Satz weiter: Dieses Buch bietet Ihnen *keine Lösungen*, weil die Pubertät *kein Problem* ist – die Pubertät ist vielmehr ein ganz normaler Vorgang innerhalb einer gesunden menschlichen Entwicklung. Sehen Sie die Pubertät als eine zeitweilige unruhige Wetterlage: Ihr Lebensschiff befindet sich auf hoher See, und eine Sturmflut droht. Die lässt sich nicht einfach durch bestimmte Gegenmaßnahmen wegzaubern, aber man kann sie aushalten und gut überstehen.

Kleine Kinder werden oft mit neugierigen Fragen in Verbindung gebracht, die bei erwachsenen Menschen mitunter für Belustigung (oder Überforderung) sorgen. *„Wieso, weshalb, warum – wer nicht fragt, bleibt dumm!"*, lautet schon das Motto einer beliebten Kindersendung. Aber glauben Sie mir: Die wirklich harten Fragen stellen Ihnen nicht die kleinen Stumpen mit ihren verschmierten Mündern und roten Bäckchen. Die wirklich harten Fragen gibt es erst in der Pubertät.

Wenn Ihre Kinder mit dem Pubertieren anfangen, ist in Sachen Fragen Schluss mit lustig. Dann heißt es: Ab ins dunkle Zimmer, auf den harten Stuhl, Lampe an und los geht's – das peinlich genaue Verhör hat begonnen. Jedenfalls werden Sie sich mitunter so fühlen, wie ein ertappter Krimineller auf dem heißen Stuhl, wenn Sie von Ihren Kindern mit den Themen konfrontiert werden, die jetzt plötzlich interessant werden. Mit Blumen und Bienen

Vorwort

kommen sie da nicht weit, der Klapperstorch legt einen bühnenreifen Absturz hin und auch sonst geht es jetzt richtig ans Eingemachte. Ihr Kind will das Leben und sich selbst verstehen – und Sie sollen plötzlich Dolmetscher und Erklär-Bär sein. Wenn es so kommt, ist das ein gutes Zeichen. Und eine einmalige Chance – für Sie: Ihr Kind bietet Ihnen mit diesen Fragen an, Teil seiner pubertären Entwicklung zu werden. Das ist ein Angebot, das Sie zwar ablehnen können, aber unbedingt annehmen sollten. Es ist der Schlüssel zum Leben Ihres Kindes. Wenn Sie ihn annehmen, ins Schloss stecken und umdrehen, dann stellen Sie damit die Weichen für Ihr weiteres Verhältnis – vielleicht für viele Jahre. In der Pubertät kann viel zu Bruch gehen – aber auch sehr viel aufgebaut werden.

Es liegt an Ihnen! Deshalb sollten Sie bereit sein. Auf die Fragen. Auf viele und auf unangenehme Fragen. Auf Verhalten, das Ihnen widersprüchlich und irrational scheint. Seien Sie bereit und zeigen Sie sich offen – und wehren Sie Ihr Kind auf keinen Fall ab. Dieses Buch soll Ihnen dabei helfen.

Denn auch wenn es so aussieht: Eigentlich will Ihr Kind Sie gar nicht loswerden. Ich kenne es aus höchsteigener Anschauung, aus eigener Erfahrung und von nahezu allen betroffenen Freunden und Bekannten: Die Kinder wünschen sich Ihre Eltern als Gesprächspartner und Vertrauenspersonen auf Augenhöhe. Mit Verständnis für ihre Themen. Und mit einem rundum offenen Wort, gerade auch zu pikanten Themen. Und genau da tun sich viele Eltern schwer.

Aber bedenken Sie: Wenn Ihr Kind Sie nicht fragen kann, dann wird es jemand anderen fragen.

Und Sie ahnen schon: Das werden nicht immer die besten Vorbilder sein. Vielleicht ist es dann plötzlich der coolste Typ an der Schule, der sich lässig in der großen Pause einen Joint dreht, an harten Getränken nuckelt, Hausaufgaben aus Prinzip unerledigt lässt und womöglich bald seine ersten Alimente zahlen muss. Da ist es doch besser, Ihr Kind fragt Sie, oder? Dann sollten Sie aber auch Antworten parat haben. Gute Antworten.

Und genau darum geht es in diesem Buch: um Fragen. Und um Antworten. Zeitgemäß und auf den Punkt gebracht. Es ist nicht

Vorwort

das erste Buch zu diesem Thema, und wird aller Voraussicht nach auch nicht das letzte sein. Aber es ist trotzdem ein besonderes Buch, wenn ich das ganz unbescheiden sagen darf: Wir gehen hier mit gutem Beispiel voran. Und wir tun genau das, was in der Pubertät angebracht ist:

Wir sparen die unangenehmen Details nicht aus, sondern nennen sie beim Namen.

Wir halten uns fern von alten Klischees und bleiben dicht am Puls der Zeit: Wir sprechen über die Themen, die Kinder wirklich interessieren und die sonst gerne ausgelassen oder allzu knapp behandelt werden. Wir knacken die Tabus! Hier geht's um Pornos, um Killerspiele und um Instagram! Wir zeigen, was hinter den trendigen Schlagwörtern steckt und machen Eltern fit für den Umgang mit den richtig heißen Eisen.

Auch wenn hier Eltern mit Eltern reden: Wir wollen keineswegs unter uns bleiben. Auch die Kinder dürfen gerne einen Blick riskieren. Es kann ja schließlich nichts schaden, wenn die Kids wissen, was die Alten so über sie denken, nicht wahr?

In diesem Buch stehen auch keine Geheimnisse, sondern Dinge, die eigentlich jeder wissen könnte – die aber oft nicht wahrgenommen werden.

Also los: Lassen Sie uns der Pubertät den Zahn ziehen – und wenn es sein muss, auch mehrere. Wir schaffen das! Oder, um genau zu sein: Ich habe es schon geschafft. Und Sie schaffen das auch. Ich verrate Ihnen jetzt nämlich, wie Sie das anstellen. Es ist nicht leicht und auch nicht schwer – es ist nur eine Frage der richtigen Methode.

Kapitel 1: Pubertät verstehen

E in weiser Mensch hat einmal gesagt: *Man hat sich ein Kind angeschafft, weil man ein Kind wollte. Und dann hat man plötzlich einen Menschen am Hals.* Keine Frage – so spricht nur jemand, der mit seinem Nachwuchs durch die Freuden der Pubertät gegangen ist. Wobei der überaus kluge Satz des niederländischen Biologen Midas Dekkers eigentlich sogar eine Untertreibung ist, denn in der Pubertät wird aus Ihrem Kind nicht nur ein Mensch, sondern gleich viele. Und diese vielen Menschen unterscheiden sich untereinander bisweilen ganz gehörig – von Tag zu Tag und manchmal sogar von Augenblick zu Augenblick.

Manchmal treten diese vielen unterschiedlichen Menschen in Gruppen auf, und Sie wissen gar nicht, wie Sie gegen das Geschrei ankommen sollen. Es hilft nicht, dagegen anzuschreien. Sie müssen die Sache anders angehen. Sie sind ein Fußballtrainer oder ein Filmregisseur, der es mit vielen Superstars zu tun hat.

Und es geht vor allem darum, dass Sie diese bei Laune halten und in die richtigen Bahnen lenken. Sie müssen sie dazu bringen, die Spielregeln oder das Drehbuch zu beachten. Wenn Sie den Code erst einmal geknackt haben, ist das Ganze gar nicht mehr so schwer.

Der wichtigste Ansatz zum Verständnis der Pubertät ist dieser: keine Angst! Die Pubertät wird oft größer gemacht, als sie ist. Junge Eltern fürchten den Mythos, ältere verdrängen ihn und wollen nicht daran erinnert werden. Beides ist übertrieben – und eigentlich auch falsch. Wenn ich von mir ausgehe, dann wünsche ich mir die Pubertät nicht zurück – weder meine eigene noch die meiner Kinder.

Aber es ist auch nicht so, dass ich nur unter Schrecken daran denke.

Kapitel 1: Pubertät verstehen

Im Gegenteil: Die Pubertät birgt einige sehr schöne Erinnerungen. Es war die Zeit, in der meine Kinder endgültig von meinem Arm gesprungen sind und sich zu mir auf die Couch gesetzt haben – als interessante Persönlichkeiten und als spannende Gesprächspartner. Dazu ist es einerseits notwendig, dass Sie sich mit Ihrem Kind ganz neu auseinandersetzen. Andererseits ist dieser Prozess aber auch so lohnend wie nie zuvor.

Vielleicht hilft es, wenn Sie sich die Pubertät als eine Art zweite Geburt vorstellen: Natürlich ist sie mit Schmerzen verbunden, das lässt sich nicht vermeiden. Aber welche Mutter wird am Ende an die Schmerzen denken, wenn sie ihr neugeborenes Kind im Arm hält?

Auch die Pubertät ist mit solchen Geburtswehen vergleichbar. Am Ende haben Sie aber Ihr Kind auf ganz neue Weise gewonnen – wenn Sie sich als Geburtshelfer bewähren.

Warum aber ist diese zweite Geburt Ihres Kindes überhaupt nötig? Hätte das ganze Prozedere nicht auch einmal vollkommen ausgereicht?
Haben wir hier vielleicht wieder einen Fehler der Natur entdeckt?

Nein, so ist es nicht: Die Pubertät hat ihren guten Sinn. Zunächst einmal zeigt sie den Übergang vom Kindsein zum Erwachsensein an.   Biologisch   ausgedrückt:
Ihr Kind ist jetzt fortpflanzungsfähig. Herzlichen Glückwunsch!

Hallo?

Sind Sie noch da? Oder schon vor Schreck vom Stuhl gefallen? Was meinen Sie? So früh wollten Sie keine Enkel? Das kann ich verstehen – wir haben uns da auch lieber ein bisschen Zeit gelassen. Aber keine Sorge: Nur, weil die Möglichkeit vorhanden ist, muss diese ja nicht gleich genutzt werden. Aber auch deshalb ist es wichtig, dass Sie und Ihr Kind lernen, mit dieser neuen Situation richtig umzugehen. Sonst passieren womöglich Dinge, die niemand will.

Das Thema Fruchtbarkeit betrifft überdies nicht nur die Fortpflanzung. Auch in anderer Hinsicht ist die Pubertät eine entscheidende Phase, die große Auswirkungen auf das weitere

Kapitel 1: Pubertät verstehen

Leben Ihrer Kinder hat. Während Sandkastenfreunde aus der Kinderzeit oft an Bedeutung verlieren, werden in der Pubertät Bande geknüpft, die häufig ein Leben lang anhalten. Es ist wissenschaftlich belegt, dass die meisten engen Kontakte von Erwachsenen ihre Wurzeln in der Jugendzeit haben.

Aus evolutionsbiologischer Sicht ist das Gehirn von Kindern in der Pubertät eine Baustelle. Besser: eine Großbaustelle. Überall liegen aufgeschüttete Sandhaufen, sind erste Fundamente zu sehen und beginnende Rohbauten. Das Besondere an dieser Baustelle: Es ist noch nicht endgültig entschieden, welche Art Gebäude hier errichtet werden soll.

Es streiten sich noch verschiedene Architekten um die Anerkennung ihrer Baupläne. Fast alles ist möglich – aber wenn der Bau erst einmal Gestalt annimmt, dann ist schwer, sehr schwer, ihn noch umzuformen.

Deshalb sollten Sie Ihren Einfluss auf die Planung und das Baugeschehen rechtzeitig geltend machen. Dabei ist aber auch wichtig, dass Sie nicht auf Teufel komm raus Ihre eigenen Vorstellungen verwirklichen möchten, sondern erkennen, welche Ressourcen Ihr Kind auf seiner Baustelle besitzt und welche Strukturen sich am besten daraus errichten lassen. Stellen Sie sich ein großes LEGO-Set vor, zu dem Ihnen die Bauanleitung fehlt. Natürlich können Sie diese aus dem Internet laden, aber dafür müssen Sie zunächst einmal feststellen, um welches Modell es sich handelt. Also studieren Sie die einzelnen Teile und kommen so der Sache auf die Spur.

Die Veranlagungen und Begabungen Ihres Kindes können Sie nicht ändern. Aber die Pubertät ist der richtige Zeitpunkt, um diese zu erkennen und zu fördern. Schubsen Sie Ihr Kind nicht an eine Stelle, an der Sie es gerne sähen, sondern helfen Sie ihm dabei, seinen Platz im Leben zu finden!

Machen Sie sich vor allem klar, dass Ihr Kind während der Pubertät unter ungeheurem Druck steht! Auf die Phase der schützenden Geborgenheit bei den Eltern folgt plötzlich und verhältnismäßig schnell die völlig fremde Situation der Selbstversorgung.

Natürlich bekommt Ihr Kind bei Ihnen noch Unterkunft und Verpflegung, aber darum geht es nicht.

Ihr Kind gewinnt plötzlich die Kontrolle über neue Fähigkeiten, die zwar für Erwachsene selbstverständlich sein mögen, einen jungen Menschen aber vor eine echte Herausforderung stellen. Gleichzeitig aber befinden sich junge Menschen auch auf der Höhe ihrer Leistungsfähigkeit.

Sie sind kreativ und aufnahmebereit – und hungrig nach neuen Einflüssen und Veränderungen.

Gleichzeitig ist die Pubertät mit ihrem hohen Maß an Sensibilität und Aufnahmebereitschaft auch eine gefährliche Phase. Denn natürlich können es auch die falschen Reize, Impulse und Einflüsse sein, die sich Kinder zu eigen machen. Das geschieht vor allem dann, wenn sie in ihrem eigenen Familienverband nicht die nötige Unterstützung bekommen. Dann werden Ersatzlösungen gesucht, oft manifestiert sich der Betätigungshunger der Jugendlichen dann in übersteigertem Konsum.

Gibt es allerdings die notwendige Orientierung und Förderung, dann kann die Pubertät aus Kindern Superhelden machen – oder zumindest sehr wertvolle Erwachsene.

Sie sehen also: Die sich anbahnende Pubertät ist kein Grund zur Sorge – und erst recht nicht zu Angst und Schrecken. Die Pubertät ist eine Chance – für Ihr Kind und auch für Sie. Am Ende dieses Buches werden Sie wissen, wie Sie diese Chance nutzen können.

Kapitel 1.1: Pubertät – allgemeine Anzeichen der Anbahnung

11

Kapitel 1: Pubertät verstehen

Beim Fußball sind es die einlaufenden Mannschaften, auf einem Konzert die Musiker, die die Bühne betreten, beim Film der Vorspann, bei schlechtem Wetter die aufziehenden Wolken und so weiter.
In vielen Fällen gibt es Anzeichen, dass eine bestimmte Sache bald beginnt. Bei der Pubertät verhält es sich ganz ähnlich: Zwar kommt sie schneller, als so manchen Eltern lieb ist, aber nie gänzlich unerwartet.
Dabei ist die rechtzeitige Entdeckung der entsprechenden Anzeichen äußerst wichtig und entscheidend für eine erfolgreiche Bewältigung dieser so immens wichtigen Lebensphase.

Ein ganz einfaches Beispiel aus dem Alltag kann das verdeutlichen: Wenn Sie die Regenwolken am Himmel übersehen und ohne Regenschirm aus dem Haus gehen, dann kann Ihnen ein Regenguss ziemlich den Tag versauen – oder Sie zumindest gehörig ausbremsen.

Haben Sie dagegen die Zeichen am Himmel beizeiten erkannt und einen Schirm sowie die passende Kleidung ausgewählt, dann wird Sie auch andauernder Regen nicht von Ihrem Weg abhalten.

Wir werden in späteren Kapiteln noch genauer auf die Anzeichen der Pubertät eingehen, deshalb geben wir hier nur einen kurzen Überblick: Wichtig ist zu wissen, dass die Signale einer sich anbahnenden Pubertät bei Jungen und Mädchen zumindest teilweise verschieden ausfallen und sich vor allem an keinen Zeitplan halten.

Ihre Kinder dürfen sich keinesfalls mit ihren Altersgenossen vergleichen und daraus einen Gradmesser für Norm und Soll ableiten!

Ein fixes Alter gibt es bei beiden Geschlechtern nicht. Ein gutes Indiz für die beginnende Pubertät sind auffällige Wachstumsschübe bei Jungen und Mädchen. Weil dieses schnelle und plötzliche Wachstum oft mit Schmerzen verbunden sind, sind die betroffenen Kinder in dieser Zeit mitunter scheinbar grundlos unleidlich und reizbar.

Kapitel 1: Pubertät verstehen

Bei Mädchen äußert sich das Wachstum in weiblicheren Formen, einem runderen, fülligeren Becken, das keineswegs unbedingt etwas mit unbotmäßiger Gewichtszunahme zu tun haben muss – ein wichtiger Punkt, den manche Eltern ihrer Tochter besonders nachdrücklich bewusst machen müssen, um Komplexe zu vermeiden.

Auch entwickeln sich die Brüste und die Schambehaarung, was für viele Mädchen ebenfalls zunächst problematisch ist. Die einschneidendste Veränderung bei Mädchen ist aber sicher der Beginn der Periode – hier sind von Seiten der Eltern besonders viel Verständnis und Einfühlungsvermögen gefragt.

Es versteht sich von selbst, dass in diesem Fall vor allem die Mutter als Ansprechpartnerin dient.

Bei Jungen verändert sich das Gesicht, was in der Pubertät vorübergehend zu verschobenen Proportionen führen kann. Das kann für die Betroffenen problematisch sein, ist aber ganz normal und geht vorüber. Akne und Pickel können diese Probleme noch verstärken.

Mit der Ausbildung des Kehlkopfes beginnt auch der Stimmbruch, was ebenfalls ungewohnt ist. Während sich die Geschlechtsorgane eher langsam entwickeln, wächst bereits das Schamhaar – und es kommt zu ersten Erektionen und Samenergüssen, was die Jungen vor große Probleme stellen kann.

Auch hier liegt es in der Natur der Sache, dass der Vater eher Ansprechpartner ist als die Mutter.

Neben den äußerlich sichtbaren körperlichen Veränderungen ist aber auch immer – und vor allem – die Psyche betroffen. Diese psychischen Veränderungen sind es, die die Pubertät oft so heimtückisch und unberechenbar machen.

Wenn ihre Tochter plötzlich ihr Verhalten signifikant ändert, immer wieder zickig reagiert oder völlig überdreht und aufgekratzt ist oder sich eben auch ganz in sich zurückzieht, dann ist auch dieses Verhalten ein Zeichen für die beginnende Pubertät.

Kapitel 1: Pubertät verstehen

Jungen werden in den meisten Fällen nicht zickig (auch wenn es natürlich Ausnahmen geben kann), sondern ziehen sich in ihre eigene Welt zurück und werden einsilbig. Sie sehen sich als einsamer Wolf, der sich von den Eltern abnabelt und seinen eigenen Weg geht.

Aus eigener Erfahrung kann ich Ihnen versichern, dass es eine ganz schöne Herausforderung ist, in dieser Phase noch einen Zugang zu einem pubertierenden Jungen zu finden. Auch das ist aber ganz normal und nicht weiter schlimm. Nur wenn Ihr Kind Ihnen vorrangig traurig und wehmütig erscheint, sollten Sie handeln.

Kapitel 1.2: Formen der verfrühten Pubertät

Wenn Sie beim Lesen der Kapitelüberschrift mit der Stirn gerunzelt haben, dann sind Sie mit dieser Überraschung nicht allein. Tatsächlich ist die verfrühte Pubertät ein weitgehend unbekanntes Thema. Kaum jemand abseits der Fachwelt hat von ihr gehört oder sich mit ihr beschäftigt.

Auch in den Massenmedien führt sie ein weitgehend unbeachtetes Nischendasein.

In der Realität aber ist die verführte Pubertät immer häufiger ein Thema, und Statistiken weisen unmissverständlich aus, dass Ihre Bedeutung für die Gesellschaft weiter zunimmt. Natürlich müssen Sie selbst nicht zwangsläufig damit in Berührung kommen, aber es kann sicher nichts schaden, wenn Sie sich schon einmal mit dieser besonderen Variante der Pubertät beschäftigt haben.

Schließlich ist trotz allem nicht völlig auszuschließen, dass Ihr Kind davon betroffen sein wird – und je besser Sie Bescheid wissen, desto souveräner können Sie auch damit umgehen.

Von einer verfrühten Pubertät spricht man, wenn die sexuelle Reife bei einem Jungen vor dem 9. Lebensjahr und bei einem Mädchen vor dem 8. Lebensjahr einsetzt. Die jeweiligen Ursachen können nicht immer festgestellt werden, oft liegt aber ein Tumor zugrunde. Eine genaue Diagnose ist nur mittels Röntgenaufnahmen und Blutuntersuchungen möglich. Da es sich bei der verfrühten Pubertät unter Umständen um die Auswirkung einer ernst zu nehmenden Erkrankung handeln kann, sollten Sie mit Ihrem Kind rechtzeitig einen Arzt aufsuchen. Eine Behandlung ist in vielen Fällen nötig und auch möglich, je nach Art der verfrühten Pubertät kann sogar eine Hormontherapie verordnet werden. Bei der verfrühten Pubertät wird im Allgemeinen zwischen drei Formen unterschieden, die ich Ihnen nachfolgend genauer vorstellen möchte.

Kapitel 1.2.1: Zentrale Pubertät

Die zentral ausgelöste Pubertät ist die verbreitetste Form einer verfrühten Pubertät. Sie tritt bei Mädchen häufiger auf als bei Jungen.

Schuld daran hat die sogenannte Hirnanhangdrüse. Wenn Sie nicht gerade Medizin studiert haben, dann haben Sie von dieser wahrscheinlich noch nie gehört. Und eigentlich wäre das komische Ding für uns auch völlig uninteressant. Wenn Ihr Kind aber das Pech hat und ausgerechnet ein besonders fleißiges Exemplar erwischt hat, einen Hirnanhangdrüsen-Workaholic sozusagen, dann kann das Stress bedeuten, weil nämlich bestimmte Geschlechtshormone viel früher ausgeschüttet werden, als es eigentlich geplant ist. Diese Hormone wiederum bewirken eine frühzeitige Reifung von Eierstöcken (bei Mädchen) oder Hoden (bei Jungen).

Wichtig an dieser Stelle ist unbedingt der Hinweis, dass der enorme Wachstumsschub einer zentralen Pubertät nicht immer Teil einer natürlichen Entwicklung sein muss, sondern im Gegenteil auf ernsthafte Erkrankungen hinweisen kann! So kann sich zum Beispiel ein Tumor auf diese Weise bemerkbar machen. Um hier keine Fragen offenzulassen, ist ein Besuch beim Arzt unumgänglich.

Über die allseits beliebte Recherche im Internet werden Sie jedenfalls über derartige Fragen keine hundertprozentige Gewissheit gewinnen. Aber bitte beunruhigen Sie sich nicht: In den meisten Fällen wird Ihr Arzt für die frühzeitige Ausschüttung von Hormonen keine Ursache finden. Ein Tumor ist die Ausnahme, nicht die Regel.

Aber je früher eine solche Ausnahme erkannt wird, desto höher ist die Chance auf Heilung.

Kapitel 1.2.2: Periphere Pubertät

Die periphere Pubertät soll hier der Vollständigkeit halber Erwähnung finden, obwohl sie in der Praxis sehr selten auftritt. Bei der peripheren Pubertät ist es nicht die bereits vorgestellte Hirnanhangdrüse, die es mit ihrer Arbeit übertreibt, sondern ein ungewollter Störenfried im Körper, der für die verführten Pubertätssymptome sorgt.

In der Regel ist es ein Tumor oder eine ähnliche Anomalie, die der Hirnanhangdrüse dazwischenfunkt und die Hormone durcheinanderbringt.
Auch hier ist ein Besuch beim Arzt notwendig, um die Ursache zu ermitteln und gegebenenfalls richtig zu behandeln.

Anzeichen für eine periphere Pubertät ist ein verfrühtes Wachstum der Brüste bei Mädchen, eine auffallende Verlängerung des Penis bei Jungen (auffallend auch deshalb, weil die Hoden sich nicht verändern!), ein frühzeitiges Sprießen der Schambehaarung bei Mädchen und Jungen sowie Akne und Körpergeruch bei beiden Geschlechtern.

Kapitel 1.2.3: Unvollständige Pubertät

Die unvollständige Pubertät ist ein Cocktail, eine Mischung aus der zentralen und der peripheren Pubertät, also auch im Prinzip eher etwas, auf das man nicht sehr dringend gewartet hat. Trotzdem gibt es die unvollständige Pubertät, und ich will Sie Ihnen auch nicht vorenthalten.

Im Wesentlichen ist diese dritte Form der verfrühten Pubertät lediglich ein Mix aus einzelnen Symptomen der beiden zuvor vorgestellten Formen. In der Regel beschränkt sich ihr Erscheinungsbild auf vorzeitig, wenn auch langsam wachsende Brüste und Schambehaarung.

Sehr wahrscheinlich haben Sie mit der verführten Pubertät in keiner der drei vorgestellten Ausprägungen wirklich etwas zu tun. Trotzdem sollten Sie für den Sonderfall gewappnet sein – und gerade bei Heranwachsenden sind regelmäßige medizinische Untersuchungen unbedingt notwendig, auch wenn Besuche beim Arzt verständlicherweise nicht besonders hoch im Kurs stehen.

Es ist aber hier ähnlich wie bei einem Zahnarztbesuch: Je länger man es hinausschiebt, desto tiefer fällt das Loch aus, das gebohrt werden muss.
Und wer rechtzeitig genug zum Arzt geht, kommt vielleicht mit ein paar guten Ratschlägen davon.

Kapitel 1.3: Biologisch gesehen

Pubertät ist Biologie, jedenfalls zu einem großen Teil. Wenn Sie aber einen Mediziner um eine Erklärung der biologischen Vorgänge im Verlauf einer Pubertät bitten, dann bekommen Sie sehr wahrscheinlich einen Schwall von Fachwörtern zu hören, bei dem Sie zwar prima einschlafen können, aber eher wenig Verständnis hinzugewinnen.

Wir halten es deshalb kurz und einfach: Pubertät bedeutet Erwachsenwerden. Körperlich und geistig. Erwachsenwerden bedeutet aber auch Veränderung. Und diese Veränderung kommt schleichend, auf leisen Pfoten, und ist für die Betroffenen vielleicht auf Anhieb gar nicht so genau festzustellen.

Kapitel 1: Pubertät verstehen

Das liegt auch daran, dass man sich selbst relativ häufig begegnet. Man trifft sich am Morgen vor dem Spiegel, ebenso am Abend, und über den Tag findet sich auch die eine oder andere Gelegenheit, einen Blick auf das eigene Abbild zu werfen.

Dabei würde schon ein Blick auf ein altes Foto genügen, um deutlich zu machen, wie stark sich der Körper des Kindes und später des Jugendlichen während der Pubertät verändert. Auch entfernte Bekannte, die man vielleicht nur alle paar Wochen, Monate oder gar Jahre trifft, werden diese Veränderung viel deutlicher wahrnehmen als die unmittelbar selbst Betroffenen. Trotzdem findet diese Veränderung zweifellos statt. Und das ist auch gut so, denn sie ist normal, richtig und wichtig.

Körperlich wird das Erwachsenwerden vor allem an der einsetzenden Geschlechtsreife festgemacht.

Das ist schon am Namen der Pubertät abzulesen, denn Pubertät leitet sich ab von dem lateinischen Wort *pubertas*, das schlicht und ergreifend »Geschlechtsreife« bedeutet.

Die Hirnanhangdrüse (auch Hypophyse genannt), die wir bereits kennengelernt haben, eine Art Vorarbeiter im Gehirn, gibt dabei das Signal, mit der Produktion von Geschlechtshormonen zu beginnen beziehungsweise diese zu verstärken. Hormone, das haben Sie bestimmt schon einmal gehört, sind für den menschlichen Körper aber unbedingt wichtig. Bei den Jungen heißen die Sexualhormone Testosteron und Progesteron, bei den Mädchen Östrogen und Progesteron. Den Startschuss für das bunte pubertäre Treiben gibt übrigens der Chef der Hirnanhangdrüse. Ein Wichtigtuer, ein Däumling – denn größer als ein Daumen ist er nicht. Es ist der Hypothalamus, ein Teil des Gehirns. Eigentlich müssen Sie das gar nicht wissen, aber irgendwie fühlt es sich gut an, das einmal erwähnt zu haben – sonst heißt es noch, ich würde hier wichtige Details unterschlagen.

Haben Sie schon einmal ein mechanisches Klavier oder eine Drehorgel gesehen? Diese Instrumente sind heute selten geworden, aber es gibt sie noch, auch und gerade zur Freude der Kinder.

Kapitel 1: Pubertät verstehen

Sie spielen ihre Lieder nicht vom Blatt, sondern von der Walze. Notenrolle nennt man dieselbe, und anstelle von Noten besitzen sie viele kleine Löcher, eine Lochschrift also, die auf mechanischem Wege abgetastet und in musikalische Klänge umgewandelt wird.

So ähnlich (aber wirklich nur so ähnlich, denn es ist nur ein Vergleich, und Sie wissen: Jeder Vergleich hinkt ein wenig) können Sie sich die Funktion der Hormone vorstellen.

Sie sagen dem Körper, welche Musik gespielt wird. Im Falle der Pubertät und der Geschlechtshormone ist es das Lied des Erwachsenwerdens. Der Körper wird sozusagen auf Fortpflanzung, auf Erhaltung der Art, programmiert. Ein ganz natürlicher Prozess, auch wenn diese Weise für die betroffenen Kinder beziehungsweise Jugendlichen wie auch ihre Eltern mitunter etwas schwierig ist.

Dabei wird zwischen zwei Arten von Veränderungen unterschieden, die für den unkundigen Laien öfters verwischen und nicht klar voneinander abgegrenzt sind: Es handelt sich zum einen um das Wachstum. Das leuchtet jedem sofort ein: Die Kinder werden größer, Becken, Brüste, Schamhaare, Geschlechtsorgane wachsen. Auf Anhieb zu sehen und sofort zu verstehen.

Daneben gibt es aber noch die zweite Veränderung: die Entwicklung. Der menschliche Körper wächst nicht nur, der menschliche Organismus entwickelt sich auch. Einzelne Organe entwickeln Fähigkeiten, die sie zuvor nicht oder nur eingeschränkt besaßen. Streng genommen verändert sich der menschliche Körper während des gesamten menschlichen Lebens. Nie geschieht das aber so massiv und so folgenreich wie in der Pubertät – und keine Veränderung ist auch annähernd so wichtig, denn in der Pubertät werden die entscheidenden Weichen für ein gelingendes Leben gestellt.

Die Pubertät verläuft dabei auch aus biologischer Sicht bei jedem Kind und Jugendlichen in einem eigenen, höchst individuellen Rhythmus.

Kapitel 1: Pubertät verstehen

Entscheidend ist das Ziel: Wenn der biologische Vorgang der Pubertät abgeschlossen ist, dann sind alle Jungen und Mädchen auf dem gleichen Entwicklungsstand, das heißt: Sie haben dasselbe *biologische Alter* erreicht. Das biologische Alter kann sich durchaus vom *chronologischen Alter* – also den erreichten Lebensjahren – unterscheiden. Die Pubertät ist nämlich kein Wettrennen. Sie ist ein natürlicher biologischer Prozess, der seine Zeit braucht – und er ist zu Ende, wenn er eben zu Ende ist, nicht früher und auch nicht später.

Wobei »früher« ein gutes Stichwort ist – für den nächsten Punkt auf unserer Liste.

Kapitel 1.4: Pubertät kommt immer früher!

Früher war alles besser! Oder? So ist es oft zu hören, aber über den Wahrheitsgehalt dieser Aussage lässt sich streiten. Zumindest war früher manches anders. Und langsamer. Die Autos, die Züge – und auch die Pubertät.

Die hat in den letzten Jahren nachweislich ziemlich an Tempo zugelegt.

Die Pubertät fährt nicht mit der Deutschen Bahn, das heißt: Sie ist meist ziemlich pünktlich. In den letzten Jahren sogar überpünktlich! Das kann den Stress für die Eltern – und die Kinder! – noch erhöhen. Dabei handelt es sich nicht um einen subjektiven Eindruck, sondern um einen objektiv messbaren Tatbestand.

Um jedem Missverständnis vorzubeugen: Die Rede ist jetzt nicht von der verfrühten Pubertät, die wir im vorherigen Kapitel behandelt haben. Es geht nicht um einige wenige Ausreißer, die von der Norm abweichen, sondern um eine statistisch erfassbare Veränderung, die den überwiegenden Teil der Pubertierenden betrifft. Es geht

Kapitel 1: Pubertät verstehen

um die ganz normale Pubertät, die einfach früher einsetzt. Der oft gehörte Eindruck, die Jugendlichen beziehungsweise Kinder von heute seien »frühreif«, hat also durchaus seine Berechtigung – oder ist zumindest nicht ganz falsch.

Diese Entwicklung ist allerdings nicht neu, sondern wenigstens zwei Jahrhunderte alt. Wussten Sie, dass im Europa des 19. Jahrhunderts die meisten Mädchen ihre erste Regelblutung erst mit 17 Jahren bekamen? Das ist heute undenkbar! Seither ist die Alterskurve immer weiter abgesunken. Heute liegt das Durchschnittsalter bei 12 und 13 Jahren – eine gewaltige Diskrepanz von mehreren Jahren!

Diese Tendenz setzt sich ungebrochen fort. Das betrifft vor allem die Mädchen: Eine unter Wissenschaftlern als sehr verlässlich eingestufte Studie aus Dänemark hat für das beginnende Brustwachstum von Mädchen ein Durchschnittsalter von 10,5 Jahren errechnet.
Den Abschluss der Pubertät erreichen Mädchen heute im Schnitt mit 15,8 Jahren – da hatten die Mädchen des 19. Jahrhunderts noch nicht einmal mit dem Reifeprozess angefangen!

Der Sprung ist sogar innerhalb einer Generation messbar: Die Mütter der für die Studie untersuchten Mädchen hatten ihre erste Regelblutung im Schnitt 3,6 Monate später. Das ist eine nicht zu leugnende Entwicklung.

Aber auch die Jungen haben in den letzten Jahren immer weiter an Tempo zugelegt. Das Wachstum der Hoden lässt sich bereits in einem Durchschnittsalter von 11,1 Jahren beobachten. Die erste Ejakulation ereignete sich im Alter von 13,4 Jahren, der Stimmbruch begann im Alter von 13,1 Jahren, mit 15,6 Jahren war die pubertäre Entwicklung abgeschlossen. Im Vergleich zu früheren Generationen ist das eine deutliche Beschleunigung um mehrere Monate oder sogar ein Jahr.

Das sind die Fakten, aber was bedeuten sie? Ist das frühere Einsetzen der Pubertät nun gut oder schlecht? Vor allem ist sie eine Tatsache, und Sie müssen damit umgehen.

Es macht die Pubertät nicht schwerer oder leichter, aber Eltern und Kinder müssen einfach früher damit rechnen, dass die

Kapitel 1: Pubertät verstehen

Entwicklung zum Erwachsenen einsetzt. Das bedeutet, die vergleichsweise ruhige und geborgene Kindheit wird verkürzt.

Wichtig ist, dass die Pubertät im Schnitt liegt. Der Vergleich mit früheren Generationen ist dabei nicht so sehr von Belang.

Es zählt die aktuelle Generation als Gradmesser. Wenn Ihr Kind deutlich früher oder später als seine Altersgenossen mit der Pubertät beginnt, fällt die Belastung, vor allem die psychische, ungleich höher aus. Gleich mehrere Studien haben den verlässlichen Nachweis erbracht, dass zum Beispiel früh pubertierende Mädchen häufiger unter Depressionen leiden. Das kann die weitere Entwicklung natürlich erheblich überschatten und negativ beeinflussen.

Ganz ohne jede Panikmache müssen wir festhalten: Eine stark verfrüht oder verspätet einsetzende Pubertät kann den Lebensweg eines Menschen erschweren und zu diversen sozialen Anpassungsstörungen führen. Es ist wichtig, dass Eltern über diesen Umstand Bescheid wissen und so gut wie möglich gegensteuern und die Pubertät ihrer Kinder begleiten können.

Denn es gibt auch steuerbare Faktoren, die den Beginn der Pubertät beeinflussen können. So gilt als gesichert, dass übergewichtige Kinder früher in die Pubertät kommen – ein Umstand, der sich durch eine gesunde und ausgewogene Ernährung also durchaus lenken lässt! Allerdings ist es so, dass der moderne Lebensstil vieler Kinder und Jugendlicher eine Gewichtszunahme durchaus begünstigt. Ständiges Sitzen und stundenlanger Medienkonsum sind für das Gehirn eine Herausforderung – das sprichwörtliche Abstumpfen ist keinesfalls eine Erfindung und wirkt sich auch auf die Pubertät aus.

Ein wichtiger Faktor, der die Pubertät nachhaltig beeinflussen kann, aber viel zu häufig ignoriert wird, sind Umweltgifte. Wir müssen und werden im nächsten Kapitel darüber sprechen.

Kapitel 2: Pubertäre Prozesse im Körper

Die meisten Menschen wissen, dass die Pubertät mit tiefgreifenden Veränderungen im menschlichen Körper verbunden ist. Wir haben in einem vorherigen Kapitel schon aus dem Blickwinkel der Biologie auf den Prozess der Pubertät geblickt. Aber wie sehen diese biologischen Veränderungen nun genau aus?

Die Pubertät verläuft bei Jungen und Mädchen trotz aller vorhandenen Gemeinsamkeiten auch unterschiedlich. Männliche und weibliche Körper sind verschieden, ebenso die Gehirne. Und diese Unterschiede werden durch die Pubertät noch verstärkt beziehungsweise überhaupt erst deutlich herausgearbeitet. Mit diesen Unterschieden müssen beide Geschlechter auch erst einmal zurechtkommen.

Es wäre fatal, die Pubertät nur auf äußerliche Veränderungen zu reduzieren. Diese Veränderungen, wir haben es bereits angesprochen, gehen auch mit einer gewissen Entwicklung einher – und eröffnen den Jungen und Mädchen bis dahin ungekannte Möglichkeiten.
Sie entdecken in dieser Zeit sozusagen ihre körpereigenen Superkräfte – es ist für Pubertierende wirklich beinahe so, als könnten sie plötzlich fliegen wie Superman oder sich an einem Netz schwingen wie Spiderman.

Die pubertären Prozesse bedeuten im Körper Rush Hour. Der persönliche Lebensweg wird plötzlich zur Schnellstraße, zur vielbefahrenen Autobahn, auf der es zeitweilig schwerfällt, den Wagen bei hohem Tempo in der richtigen Spur zu halten. Jeder äußerliche Prozess ist auch an einen inneren gekoppelt, die Veränderungen des Körpers finden ihr Echo in Veränderungen der Seele.

Kapitel 2:
Pubertäre Prozesse im Körper

Es geht jetzt also auch darum, die richtige Balance zu finden – zwischen den Veränderungen, den Entwicklungen und den Möglichkeiten. Es geht darum, gesunde Grenzen zu ziehen, ohne die Jugendlichen einzuengen.

Damit das gelingt, müssen Sie die pubertären Prozesse kennen und verstehen. Und Sie müssen wissen, welche Faktoren diese Prozesse beschädigen können.

Genau darum geht es in diesem Kapitel. In den folgenden drei Abschnitten werden wir erfahren, welche körperlichen Veränderungen Jungen durchlaufen und welche Mädchen – und welche Gefahren durch diese Veränderungen drohen.

Kapitel 2.1: Pubertät bei Jungs

In der Pubertät werden Jungen zwar kräftiger, aber die Pubertät stellt auch einen gehörigen Kraftakt für die männlichen Heranwachsenden dar – und oft genug auch für sein unmittelbares Umfeld, namentlich die Eltern.

Die ersten Anzeichen einer Pubertät zeigen sich bereits im Alter von 9 bis 11 Jahren. In dieser Phase der sogenannten *Vorpubertät* beginnen die Hoden zu wachsen und die ersten Schamhaare sprießen. Auslöser dieser Entwicklung ist ein erster Schub an Sexualhormonen, der gleichzeitig auch für eine Welle der Euphorie sorgt.
Die betroffenen Jungen glauben plötzlich, alle Türen stünden ihnen offen, kein Hindernis sei zu groß und keine Last zu schwer. Diese Empfindung kollidiert natürlich mit der Wirklichkeit und wird früher oder später zu psychischen Belastungen führen – darauf gehen wir im nächsten Kapitel genauer ein.

Das Wachstum der Hoden setzt sich etwa bis zum 15. Lebensjahr fort, während sich der Penis in der Regel bis zum 17. Lebensjahr

Kapitel 2:
Pubertäre Prozesse im Körper

weiterentwickelt. Neben der Schambehaarung wächst auch das Haar unter den Achseln. Der prominenteste Haarwuchs ereignet sich aber natürlich im Gesicht: Was als zarter Flaum beginnt, kann sich bald zu einem formidablen Bartwuchs entwickeln. Damit wird plötzlich die tägliche Rasur ein Thema. Gerade die Gesichtsbehaarung lässt sich aber mitunter auch Zeit und setzt erst verhältnismäßig spät während der Pubertät ein.

Das Erwachsenwerden schlägt sich auch in den Stimmbändern nieder: Die dehnen sich durch ein fortgeschrittenes Wachstum des Kehlkopfes nämlich aus und sorgen für eine tiefere Stimme. Dieser Teil der Pubertät wird in der Regel als unproblematisch empfunden – viele Jungen freuen sich sogar über das kerniger werdende Organ, das ihrem erwachenden Bedürfnis nach Selbstbehauptung zupasskommt.

Weitaus heikler und für Söhne und Eltern gleichermaßen schwierig zu behandeln ist der erste Samenerguss. Den meisten Jungen ist diese Erfahrung peinlich, weshalb von den Eltern in dieser Situation besonders viel Feingefühl erfordert wird.

Da sich ebenfalls in der Pubertät auch ein gesteigertes Schamgefühl einstellt, ist der Umgang mit der erwachenden Sexualität besonders herausfordernd.

Eine weitere große Belastung während der Pubertät ist die erhöhte Talgproduktion der Hautporen. In der Praxis führt diese nämlich zu fettigem Haar, das schnell ungepflegt aussieht, und zu unreiner Haut. Pickel und Mitesser machen vielen Jugendlichen das Leben schwer. Allerdings lässt sich dieser Problematik inzwischen recht gut mit geeigneten Pflegemitteln zu Leibe rücken.

Außerdem wird die Pubertät natürlich von einem allgemeinen Körperwachstum begleitet. Der Muskelaufbau wird gefördert, Schulter und Brust werden breiter.

Die Entwicklung hin zu einer männlichen Körperstruktur kann zeitweise bei den betroffenen Jungen für Desorientierung sorgen: Sie fühlen sich nicht mehr ganz sicher auf ihren Beinen und haben

Koordinationsprobleme. Das sollte sich aber schnell von selbst geben und ist nur zu verständlich – denn schließlich müssen die veränderten Größen- und Gewichtsverhältnisse erst einmal vernünftig koordiniert werden.

Kapitel 2.2: Pubertät bei Mädchen

Auch bei Mädchen ist die Pubertät vor allem eine Zeit des Wachstums. Nur äußert sich dieses in anderer Weise und an anderen Stellen, als es bei den Jungen der Fall ist. (Die meisten Mädchen sind mit diesen Abweichungen auch sehr zufrieden.)

Die vielleicht meistdiskutierte und auch etwas berüchtigte Veränderung während der Pubertät ist das Einsetzen der Regelblutung. Dieser geht in vielen Fällen ein weißlicher Ausfluss voraus, der bei den betroffenen Mädchen mitunter für Unruhe sorgt. Hier dürfen die Eltern, die natürlich bei diesem sehr delikaten Thema ihr ganz besonderes Einfühlungsvermögen und tiefes Verständnis demonstrieren sollten, ihr Kind beruhigen: Der Ausfluss ist eine normale Hygienemaßnahme des Körpers, mit dem die Vagina vor Verunreinigungen geschützt werden soll. Setzt dann die eigentliche Regelblutung ein, bedeutet das vor allem eines: Das Mädchen ist jetzt geschlechtsreif und kann schwanger werden. Ein guter Zeitpunkt für das eine oder andere helfende Wort, bevorzugt aus dem Mund der Mutter – die wenigsten Mädchen möchten ihre Periode gerne mit ihren Vätern besprechen. Auch beim Wachsen der Schambehaarung kann die Mutter wertvolle Hilfestellung leisten. Viele Mädchen tun sich zunächst mit der sich kräuselnden Haarpracht an ungewohnter Stelle schwer.

Beim Trimmen oder Rasieren kann aber viel Schaden angerichtet werden, deshalb ist es gut, wenn die Mutter ein paar sinn- und wertvolle Tips aus ihrem eigenen Erfahrungsschatz beisteuert.

Kapitel 2:
Pubertäre Prozesse im Körper

Eine wichtige Veränderung ist auch die Entwicklung der Geschlechtsorgane. Schamlippen und Klitoris wachsen, was das Mädchen von außen erkennen beziehungsweise ertasten kann. Aber auch unsichtbar im Inneren nehmen Gebärmutter, Eierstöcke und innere Geschlechtsorgane an Größe zu. Auch wenn nicht alle diese Veränderungen augenfällig sind, kann das Mädchen sie doch erspüren und muss sie erst einmal verarbeiten.

Ähnlich wie die Jungen müssen sich auch Mädchen mit fettigen Haaren und öliger Haut herumplagen. Pickel und Pustel sind gerade für Mädchen ein ernstes Problem, das sich zu einer intensiven psychischen Belastung auswachsen kann. Mit entsprechenden Reinigungs- und Pflegemitteln kann dieses Problem aber weitgehend entschärft werden.

Das äußerlich auffälligste Merkmal der Pubertät ist ohne Zweifel die Ausprägung der typischen weiblichen Formen. Die Brüste des Mädchens inklusive der Milchdrüsen entwickeln sich und wachsen, das Becken wird runder, die Taille schmaler. Drei bis fünf Jahre dauert es im Schnitt, bis die weiblichen Brüste voll entwickelt sind. Die Veränderung der Formen ist aber auch mit einer Gewichtszunahme verbunden, die bei Mädchen schnell zu einem dauerhaften Übergewicht führen kann, wenn nicht rechtzeitig entsprechende Gegenmaßnahmen ergriffen werden – durch sportliche Betätigung und gesunde Ernährung.

Auch für Mädchen sind diese äußerlichen und innerlichen Veränderungen selbstredend mit großen psychischen Herausforderungen verbunden. Im nächsten Kapitel dieses Buches gehen wir auf dieses wichtige Thema ein. Abschließend schenken wir jetzt aber noch einem anderen bereits angeklungenen Punkt unsere Aufmerksamkeit: Gift für die Pubertät.

Kapitel 2.3: Gift für die Pubertät

Gift ist ein hässliches und aggressives Wort, gleichbedeutend mit einer knallroten Signalleuchte: Gefährlich! In den meisten Fällen wird es heute im übertragenen Sinn verwendet. Im Alltag haben die wenigsten von uns mit echten Giften zu tun. Wenn wir davon sprechen, dass eine bestimme Sache Gift für eine andere Sache ist, dann meinen wir damit, dass Schaden bewirkt wird.

Wenn es um die Pubertät geht, dann kann natürlich so manches Verhalten auch Gift für eine gesunde Entwicklung und einen ungestörten Verlauf dieser schwierigen Phase sein. Aber davon ist hier nicht die Rede. Es geht um wirkliches Gift, das besonders in der Pubertät Ihrem Kind messbaren Schaden zufügen kann. Und manchmal bekommt es dieses Gift sogar – von Ihnen.

Jetzt werden Sie vielleicht empört die Hände in die Höhe strecken und vielleicht auch mit virtuellen faulen Tomaten nach dem Verfasser dieser Zeilen werfen, aber es ist gar nicht böse gemeint. Natürlich würden Sie Ihrem Kind nie bewusst und aus freien Stücken Gift verabreichen. Trotzdem geschieht das meistens unbewusst, ohne Kenntnis der genauen Vorgänge.

Wir haben bereits gehört, dass die Pubertät immer früher einsetzt. Die Gründe für diese belegbare Tatsache sind aber keineswegs nur natürlichen Ursprungs und deshalb unveränderlich. Ganz im Gegenteil: Die Wissenschaft hat zweifelsfrei nachgewiesen, dass eine wachsende Zahl an chemischen Giftcocktails nicht nur, aber vor allem unsere Kinder vergiftet. Oft fängt dieses sehr gravierende Problem schon unbemerkt während der Schwangerschaft an:

Durch vermeintliche Hygiene- und Pflegeprodukte und Kunststoffe können hormonaktive Substanzen in den Kreislauf gelangen und beim noch ungeborenen Kind dafür sorgen, dass

Kapitel 2:
Pubertäre Prozesse im Körper

mehr Fettzellen und weniger Muskel- und Knochenzellen gebildet werden. Das bedeutet bereits vor der Geburt eine Hypothek für die erst Jahre später bevorstehende Pubertät!

Eine Studie der Umweltorganisation BUND förderte im Jahr 2013 erschreckende Erkenntnisse zutage: In nahezu jedem dritten Kosmetikprodukt in Deutschland sind solche schädlichen Chemikalien enthalten – auch in Zahnbürsten und Babyschnullern.

Ein hervorstechendes Beispiel ist Bisphenol-A, das auch für die Herstellung von Thermopapier verwendet wird. Thermopapier kam lange Zeit bei Kontoauszügen und Kassenzetteln zum Einsatz, wurde von unzähligen Müttern und Kindern angefasst und dringt bei der Berührung in die Haut ein. Die Gefährlichkeit von Bisphenol-A ist kein Hirngespinst, sondern faktisch erwiesen und auch von der Europäischen Union anerkannt: Seit dem Jahr 2020 ist die Verwendung europaweit verboten.

Allerdings ist das Gift noch immer in Umlauf, steckt in vielen Alltagsprodukten wie den trotz Streaming-Boom weitverbreiteten DVDs oder in Trinkflaschen. Es wird also noch eine ganze Weile dauern, bis man wirklich mit Sicherheit davon ausgehen kann, im Alltag nicht mehr auf Bisphenol-A zu stoßen. Bis dahin ist Wachsamkeit gefragt.

Allerdings: Auch wenn Bisphenol-A jetzt so ein bisschen (zu Recht!) als Buhmann ausgeguckt wurde und in aller Munde ist – es ist bei weitem nicht das einzige gefährliche Gift, das die Gesundheit Ihrer Kinder bedroht. Es sind noch weit mehr gefährliche Stoffe im alltäglichen Umlauf. Dazu zählen beispielsweise Weichmacher, wie sie in vielen Kunststoffen zum Einsatz kommen, und Parabene, die sich in Pflegeprodukten finden.

Das Gefährliche an diesen Giften: Ihre Wirkung ist zunächst gar nicht zu bemerken. Sie beeinflussen, besser beeinträchtigen, langfristig, aber nachhaltig den Hormonhaushalt. Wir haben nun aber in einem früheren Kapitel schon gesehen, dass die Hormone von kaum zu überschätzender Wichtigkeit für den menschlichen Körper und damit für die Gesundheit sind.

Kapitel 2:
Pubertäre Prozesse im Körper

Die Folgen können entsprechend schwerwiegend ausfallen: So kann der gesamte Stoffwechsel durcheinandergeraten oder die gesunde Hormonproduktion blockiert werden. Ein nicht richtig funktionierendes Hormonsystem kann zu einer gestörten geistigen oder körperlichen Entwicklung Ihres Kindes führen. Es kann die spätere Fortpflanzungsfähigkeit beeinträchtigen. Es kann eine verfrühte Pubertät auslösen und bei Mädchen das Risiko für Brustkrebs steigern. Diese Gifte können eine ganze Anzahl schwerwiegender Erkrankungen auslösen: Diabetes, Allergien, Herz-Kreislauf-Störungen, Fettleibigkeit und geistige Beeinträchtigungen.

Diese gefährlichen Gifte finden sich in Alltagsgegenständen, in der Kleidung – und in der Luft. Es ist alles andere als einfach, diese Gifte weitgehend zu vermeiden. Sie sollten deshalb genau darauf achten, aus welchen Quellen Sie Kleidung, Möbel, Kosmetika, Reinigungsmittel, Geschirr und vor allem auch Spielzeuge beziehen. Der Blick auf das Biosiegel ist sicher keine schlechte Idee. Aber noch ein weiterer Punkt fällt bei der möglichen Aufnahme von Giften ins Gewicht.

Wir sprechen von einem Thema, das selbst Erwachsenen oft schwer genug fällt: der Ernährung. Allmählich hat sich herumgesprochen, dass eine ausgewogene und möglichst gesunde Ernährung wichtig für ein gelingendes Leben ist. Die Auswahl fällt aber schwer, und das gilt insbesondere für Kinder in der Pubertät, denn die jungen und in der Entwicklung befindlichen Körper sind besonderen Risiken ausgesetzt.

Die Auswahl an Lebensmitteln ist heute so groß wie nie zuvor. Globalisierung, moderne Landwirtschaft und hochtechnisierte Verarbeitungsmethoden haben zumindest in der westlichen Welt zu einem Überangebot geführt – auch an Nahrungsmitteln, die so in der Natur nicht auftaucht. Manche der in der Lebensmittelindustrie häufig verwendeten Stoffe sind nachweislich gerade in der Pubertät einer gesunden Entwicklung hinderlich.

Vermeiden Sie deshalb nach Möglichkeit künstlich hergestellte und bearbeitete Lebensmittel.

Kapitel 2:
Pubertäre Prozesse im Körper

Neben dem Biosiegel ist die Frage hilfreich, ob es so ein Nahrungsmittel auch in der Natur gibt. Gerade für viele bunte Süßigkeiten, die Kinder so gern mögen, muss man das verneinen.

Die gute Nachricht ist: Noch nie war das Angebot an gesunden Lebensmitteln so umfangreich wie heute. Es ist wirklich keine große Sache, gesunde und vor allem schadstofffreie Alternativen für das persönliche Lieblingsessen zu finden. Tips dazu gibt es überall – auch kostenlos im Internet. Die Mühe lohnt sich, wenn Sie damit sich und Ihre Kinder vor Schaden bewahren.

Kapitel 3: Psychische Veränderungen

Ich verrate Ihnen ein schlecht gehütetes Geheimnis: Es sind gar nicht so sehr die körperlichen Veränderungen, die eine Pubertät so anstrengend und schwierig machen. Es ist vor allem der innere Stress, der für viel Unruhe sorgt. Jede äußerliche Veränderung löst ein vielfaches Echo im Inneren Ihres Kindes aus. Ich würde sogar so weit gehen, dass die psychischen Veränderungen die eigentliche Herausforderung in der Pubertät sind.

Denn abgesehen von gelegentlichen Schmerzen bei den Wachstumsschüben passiert mit dem Körper der Kinder bei einem normalen Verlauf der Pubertät nichts Schlimmes. Die vergleichsweise kleinen Ärgernisse mit fettigem Haar, Pickeln und Mitessern lassen sich normalerweise gut in den Griff bekommen. Aber das Gehirn, das während der Pubertät zur Großbaustelle wird, und die stark belastete Psyche machen den Jugendlichen und auch den Eltern schwer zu schaffen.

Auch bei den psychischen Veränderungen gibt es wieder beachtenswerte Unterschiede zwischen Jungen und Mädchen. Eine Sache aber haben beide Geschlechter gemeinsam: Es gibt bei aller noch so gründlichen Recherche keine grundlegende Formel, nach der eine Pubertät abläuft und verstanden werden kann. Jeder Mensch ist bekanntlich ein Individuum – und pubertierende Jugendliche sind noch ein bisschen individueller. Deshalb müssen Sie und Ihr Kind oder Ihre Kinder einen eigenen, persönlichen Weg durch die Pubertät finden. Eine Generallösung gibt es nicht.

Alle Tips, Empfehlungen und Ratschläge, die ich Ihnen in diesem Buch zu geben versuche, sind Annäherungen und Hilfestellungen, die Sie für sich selbst in geeigneter Manier anwenden müssen. Sie sind keine Schritt-für-Schritt-Gebrauchsanweisung zur richtigen »Bedienung« Ihrer Kinder. Die lassen sich nämlich nicht so einfach steuern.

Nicht als kleine Schreisäcke – und erst recht nicht während der Pubertät. Wenn die Kinder nämlich auch sonst noch nicht viel haben: Einen eigenen Kopf haben sie, und der ist ziemlich dick.

Es wäre aber eine grobe Verfehlung, den Pubertierenden die Schuld zuzuschieben. Denn die Jugendlichen können gar nicht viel dafür, sondern werden selbst ganz unerwartet von manchen ungekannten Emotionen und Stimmungen überwältigt. Schauen wir uns an, welche psychischen Herausforderungen Jungen und Mädchen zu bewältigen haben.

Kapitel 3.1: Psychische Veränderungen bei Jungs

Ein pubertierender Junge ist ein Gralssucher. Und der Gral, den er sucht, ist er selbst: seine Persönlichkeit, seine individuelle, unverwechselbare Identität. Und diese Identität versteckt sich irgendwo in einem riesigen, weltraumgroßen Chaos: seinem Gehirn.

Lange Zeit hat man geglaubt, das menschliche Gehirn sei im Alter von 12 Jahren vollständig entwickelt. Inzwischen weiß man, dass es ein Trugschluss war. Das Gehirn braucht für seine Entwicklung viel länger und es reifen auch nicht alle Regionen gleich schnell. Das bedeutet, der Junge findet sich ganz unversehens ausgesetzt auf einer Großbaustelle. Und was macht ein Junge auf einer Großbaustelle? Richtig, er beginnt damit, seine Umgebung zu entdecken, er klettert, stöbert, stromert umher, kriecht in Winkel und wagt sich an unwegsame Ecken.

Mitunter ist das Gehirn des Jungen von der Vielzahl der Möglichkeiten aber auch einfach überfordert und nichts geht

Kapitel 3:
Psychische Veränderungen

mehr. Dann reagieren Jungen häufig so, wie wir es auch oft bei Tieren beobachten können, die in eine fremde Umgebung kommen: Sie ziehen sich in ihren eigenen Winkel zurück und besinnen sich erst einmal auf sich selbst.

Für Eltern kann es eine ziemliche Quälerei sein, wenn der früher so gesprächige, gesellige und fröhliche Nachwuchs plötzlich zu einem einsilbigen Einzelgänger wird und sich die Wörter noch nicht einmal mehr richtig aus der Nase ziehen lässt. Dahinter steht aber kein böser Wille, sondern Unsicherheit und das Bedürfnis nach Selbstfindung.

Erschwerend kommt hinzu, dass ausgerechnet das erste Leitorgan des Gehirns, der präfrontale Cortex, für die vollständige Entwicklung am längsten braucht.

Das bedeutet in der Praxis: Die Brücke ist nicht besetzt, der Kapitän noch nicht an Bord, der erste Offizier im Urlaub, der Steuermann liegt krank im Bett. Das ganze Schiff treibt mitunter also etwas führerlos dahin und läuft ständig Gefahr, sich an irgendwelchen Hindernissen zu stoßen.

Gleichzeitig fehlen auch die nötigen Instrumente, um die Umwelt richtig einzuschätzen. Während Erwachsene zum Beispiel imstande sind, Emotionen ihrer Mitmenschen richtig zu deuten, fällt es Pubertierenden meistens schwer, Minenspiel und Gestik richtig zu interpretieren.

Eine Studie, die Erwachsenen und pubertierenden Kindern Filmszenen mit angstverzerrten Gesichtern vorgeführt und dabei die Hirnströme gemessen hat, kam zu dem erstaunlichen Ergebnis, dass die werdenden Erwachsenen viel häufiger mit ihrer Einschätzung falschlagen.

Charakteristisch für Jungen ist das Austesten der Grenzen, die sogenannte Mutprobe. Besonders angriffslustig erweisen sich Jungen dabei den Grenzen gegenüber, die von den Eltern gesetzt werden. Denn während der Pubertät möchten sich Jungen abnabeln, vom Elternhaus lösen, auf eigenen Beinen stehen. Das ist ganz normal und ja auch der Sinn des Ganzen. Manchmal schießen sie dabei übers Ziel hinaus, ist doch die Pubertät auch immer mit impulsiven, rational nicht zur Gänze erklärbaren Reaktionen verbunden.

Da ist es wichtig, dass Eltern sich nicht anstecken lassen und ähnlich reagieren. Souveräne Gelassenheit und Konsequenz sind statt dessen gefragt.

Übrigens gibt es für diese Ablösungsbedürfnisse gerade bei Jungen sogar einen einleuchtenden evolutionsbedingten Grund: Vor Millionen Jahren, am frühen Morgen der Menschheit, starben die Eltern, wenn die Kinder in die Pubertät kamen.

Die Jungen mussten jetzt selbst Jäger und Versorger sein und ihren Mann stehen. Nun ist es heute schon so, dass Eltern eher nicht in ihren 30ern oder 40ern abtreten möchten, was ich aus eigener Betroffenheit auch voll und ganz verstehen kann. An den Bedürfnissen der Jugendlichen hat sich aber nichts geändert.

Vor diesem Hintergrund lässt sich aber leicht verstehen, warum die Jungen, die eigentlich nach Selbständigkeit dürsten, die Regeln und Verbote der Eltern als besonders einengend empfinden und sich mit teilweise irrationaler Heftigkeit dagegen auflehnen.
Je mehr Eltern dies in ihre Überlegungen miteinbeziehen, desto leichter können sie mit dieser Situation umgehen.

Kapitel 3.2: Psychische Veränderungen bei Mädchen

Auch bei den Mädchen steht das Gehirn im Zentrum der Pubertät. Auch bei Mädchen ist das Gehirn noch mitten in der Entwicklung und gleicht einer Großbaustelle. Allerdings gehen Mädchen in der Regel ganz anders damit um als Jungen.

Sie sind im Gegensatz zu diesen weit launischer – das berühmt-berüchtigte Vorurteil von der Zickigkeit ist hier durchaus am Platz.

Kapitel 3:
Psychische Veränderungen

Was für die Jungen gesagt wurde, gilt insbesondere in einem Fall auch für die Mädchen: Die Pubertät ist nicht nur die Zeit, in der sich der Körper verändert, es ist auch die Zeit, in der das Mädchen seine Identität sucht und seine Persönlichkeit herausbildet. Das ist gar nicht so einfach und durchaus mit einer zweiten Geburt zu vergleichen. Im Gehirn des Mädchens tobt ein Chaos, das von außen nicht einsehbar ist – und das macht es für Eltern auch so schwer.

Stellen Sie sich ein Telefongespräch vor, bei dem Sie nur hören, was der eine Partner sagt. Vielleicht kommt es zum Streit, vielleicht wird ein Scherz gemacht, aber alles, was am anderen Ende der Leitung geschieht, bekommen Sie nicht mit – Sie sind auf die bloßen Reaktionen nur einer Seite angewiesen. Ihre Tochter hängt nun während der Pubertät ständig am Telefon – und damit sind nicht Ihr Hausanschluss oder das Smartphone gemeint, obwohl das sehr wahrscheinlich auch zutreffen wird.

Vielmehr befindet sich Ihre Tochter im fortgesetzten und sehr angeregten Austausch mit sich selbst. Und diesen zu bewältigen, ist gar nicht so einfach. Sie kriegen dabei immer nur bestimmte Reaktionen mit, diejenigen nämlich, die nach außen dringen – und daher rührt Ihr Eindruck, Ihr Kind verhalte sich plötzlich willkürlich und unberechenbar. Dabei ist es eine wilde emotionale Achterbahnfahrt, die Ihre Tochter gehörig durchrüttelt und vor immense Herausforderungen steht.

Ihr Kind hat Stress, sehr großen Stress – und Sie bekommen nur die Ausläufer davon zu spüren. Obwohl Mädchen genau wie Jungen in der Pubertät auf eigenen Füßen stehen wollen, verhalten sie sich während dieser Phase anders – und stehen auch vor anderen Problemen.

Das ist heute noch mehr der Fall, als in früheren Zeiten, denn Mädchen vermissen zunehmend attraktive Vorbilder.

Zwar gab es noch nie so viele Frauen, die in ursprüngliche Männerdomänen vordringen und dort Karriere machen. Diese vermeintlich erfolgreichen Vorbilder leiden aber alle unter einer nicht unerheblichen Einschränkung: Sie haben in sehr vielen

Kapitel 3:
Psychische Veränderungen

Fällen keine Familie. Im unmittelbaren Umfeld treffen die Mädchen hingegen überwiegend auf Mütter und Hausfrauen, oder Frauen, die sich im immer noch schwierigen Spannungsverhältnis zwischen Haushalt und Beruf befinden. Für viele junge Mädchen sind all diese Modelle unbefriedigend.

Das Mädchen fühlt sich innerlich zwischen diesen unterschiedlichen Polen hin- und hergerissen und bringt das durch plötzliche Gefühlsausbrüche und vor allem Gefühlsschwankungen zum Ausdruck. Da wird aus heiterem Himmel gekichert, was das Zeug hält, und wenn die Mutter interessiert nachfragt, was denn da so lustig sei, kommt es plötzlich zu einem Wutausbruch. Wirklich erklären kann sich das niemand – am wenigsten oft das betroffene Mädchen selbst.

Eine wichtige Rolle spielt auch der Körperkult, der durch die modernen sozialen Medien noch mehr befeuert wird, als es schon zu Zeiten von Illustrierten und Fernsehen der Fall war. Da können die Veränderungen, die der Körper im Lauf der Pubertät durchmacht, ein Mädchen stark belasten – eine an sich belanglose Hautunreinheit wird so zu einem persönlichen Drama.

Hinzu kommt auch bei Mädchen die zunehmende Spannung mit dem anderen Geschlecht. Jungs sind natürlich ein großes Thema – wenn nicht das Thema überhaupt. Gerade deren pubertäres Verhalten kann aber Mädchen in ein weiteres emotionales Chaos stürzen. Denn zwischen Jungen und Mädchen gibt es gerade auf diesem sensiblen Gebiet gewaltige Unterschiede und Spannungen.

Da hilft nur die richtige Aufklärung. Darum geht es im nächsten Kapitel.

Kapitel 4:
Die richtige Aufklärung

Die Welt dreht sich immer schneller, aber noch immer fliegen die Bienen summend und sammelnd von Blüte zu Blüte. Früher oder später wird es Zeit, den Klapperstorch in den verdienten Ruhestand zu schicken und mit Ihren Kindern ein ehrliches Wort zu sprechen – und in der heutigen Zeit ist es leider eher früher als später. Manche Eltern möchten es gar nicht so gern wahrhaben, wie schnell die Kinder in ein Alter kommen, in dem Sexualität eine Rolle spielt.

In Wahrheit ist Sex aber das mit Abstand wichtigste und meist diskutierte Thema der Pubertät. Und je früher Sie sich dieser Tatsache stellen, desto eher können Sie Ihrem Kind dabei helfen, den richtigen Zugang zu diesem heißen Eisen zu finden. Dafür müssen Sie aber selbst wissen, wie man es richtig schmiedet.

Natürlich werden Sie jetzt abwinken und feststellen, dass Sie doch längst ziemlich gut aufgeklärt sind – sonst hätten Sie ja auch keine Kinder. Aber genau da liegt der Haken: Es geht nicht um das bloße Wissen. Es geht darum, Ihrem Kind dieses Wissen auf die richtige Weise zu vermitteln. Mit einer falschen Ansprache können Sie mehr Schaden anrichten als Nutzen bewirken. Es hilft aber auch nichts, das unbequeme Thema einfach auszublenden. Erinnern Sie sich daran, was wir schon früher festgestellt haben: Wenn Sie die Fragen Ihres Kindes nicht beantworten, dann wird es jemand anderes tun. Und möglicherweise die ganz falschen Antworten geben.

Die Sexualität ist ein Sumpf, in dem Ihr Kind leicht versinken kann, wenn es nicht einen sicheren Pfad durch die schwankende Oberfläche gewiesen bekommt. Es können Entscheidungen getroffen werden, die sich nicht mehr rückgängig machen lassen, die aber schwerwiegende Folgen nach sich ziehen. Missbrauch, ungewollte Schwangerschaften, emotionale Abhängigkeiten – all

Kapitel 4:
Die richtige Aufklärung

das ist möglich, wenn Ihr Kind unvorbereitet und ungeschützt in eine falsche Beziehung gerät.

Selbstverständlich sollten Sie bedenken, dass Ihre Kinder einer Generation nach Ihnen angehören. In dieser Zeit hat sich viel verändert. Sex wird heute anders behandelt als noch zu Ihrer Zeit. Aber Vorsicht vor übereilten Trugschlüssen: Auch wenn heute die Pubertät nachweislich früher beginnt als es noch vor einigen Jahren der Fall war, ist das nicht gleichbedeutend mit einer früheren sexuellen Aktivität! Wenn Sie jemandem einen Werkzeugkasten schenken, macht ihn das noch nicht zum Handwerker. So fangen auch geschlechtsreife Jugendliche nicht sofort mit dem Schrauben an, nur weil sie die Möglichkeit dazu besitzen.

Selbst wenn sich Ihr Kind sehr für Sex zu interessieren beginnt, müssen Sie deshalb nicht gleich Opas Keuschheitsgürtel vom Dachboden holen (zumal die Jugend von heute ohnehin ziemlich gut darin ist, derlei Instrumentarien zu überlisten). Mitunter lassen sich heute viele Jugendliche sogar mehr Zeit damit, sexuell aktiv zu werden, als es in früheren Generationen der Fall war. Ein Grund dafür mag paradox klingen: Es ist der gestiegene Pornokonsum. Wir gehen in einem späteren Abschnitt dieses Kapitels darauf ein.

Auch wenn der Keuschheitsgürtel nur ein augenzwinkernd gemeintes Bild war, illustriert er trotzdem in überspitzter Weise, dass sich der Umgang mit der Sexualität im Lauf der Jahre und Jahrhunderte stark verändert hat. Wir müssen aber gar nicht bis ins Mittelalter zurückgehen – schon zwischen Eltern und Kinder gibt es enorme Generationsunterschiede. Darüber handelt der nächste Abschnitt.

Nur noch ein Hinweis: Gute Aufklärung ist immens wichtig. Für Jungen und Mädchen. Sie besteht aber nicht aus dem einen Gespräch, das so berüchtigt ist. Wer sich mit Sohn oder Tochter gezielt hinsetzen möchte, um in einer gewichtigen Vier-Augen-Unterredung dieses heikle Thema zu besprechen, der wird meist eine Enttäuschung erleben.

Kapitel 4:
Die richtige Aufklärung

Besser ist eine grundsätzliche Offenheit für derartige Nachfragen. Nehmen Sie die Gelegenheiten wahr, die sich Ihnen bieten, und pflegen Sie von Anfang an einen offenen Umgang mit diesem Thema. Das schließt natürlich nicht aus, dass es auch einmal zu einem längeren und ausführlicheren Gespräch über Sex kommen kann. Nur sollten Sie dieses nicht verkrampft erzwingen und auf den Tagesplan setzen.

Nichts ist so wichtig wie ein grundsätzliches, völlig intaktes Vertrauensverhältnis zu ihren Kindern. Je früher diese daran gewöhnt werden, dass sie mit Ihren Eltern über alles sprechen können, desto eher werden Sie auch später bei delikaten Themen nicht zögern, ihre Fragen zu stellen.

Aber Vorsicht: Geben Sie sich nicht dem Trugschluss hin, dass Ihre Kinder mit allen heiklen Themen immer von selbst kommen. Damit Fragen gestellt und Antworten gegeben werden, braucht es einen Anlass. Eltern sollten deshalb zum einen die kindliche Neugier zulassen, zu respektieren und zu stillen versuchen. Sie sollten den Kindern aber auch Anlässe und Gelegenheiten geben, dieses Thema unverkrampft anzusprechen. Nur eins sollten Eltern nie tun: Die Aufklärung den Kindern aufdrängen. Vielleicht wollen sie bestimmte Themen erst einmal selbst recherchieren oder mit älteren Geschwistern darüber sprechen. Das sollten Eltern akzeptieren und geduldig auf ihren Einsatz warten.

Vor allem aber: Nehmen Sie Ihre Kinder ernst. Immer und überall. Gehen Sie auf ihre Sorgen und Überlegungen ein. Dann ergeben sich die gewünschten und nötigen Gespräche fast von selbst.

Kapitel 4.1:
Generationsunterschiede

Früher war alles besser, und zu unserer Zeit hätte es die heutige Jugend nicht gegeben. Dafür aber eine andere – und die Jugend aller Zeiten hat sich schon immer von den Erwachsenen derselben Zeit unterschieden.
Heute haben allerdings nicht nur die gesellschaftlichen Veränderungen, sondern vor allem auch die neuen technischen Möglichkeiten großen Einfluss auf das Miteinander der Geschlechter. Jungen und Mädchen treffen sich heute nicht mehr von Angesicht zu Angesicht, sondern von Online-Profil zu Online-Profil.

Ein wesentlicher Unterschied zwischen den Generationen liegt in der Verlagerung des Lebens in den virtuellen Raum. Das bedeutet lustigerweise, dass das tatsächliche Erlebnis immer weiter in den Hintergrund rückt.
Sex tatsächlich zu haben ist für viele Jugendliche nicht annähernd so wichtig wie Likes auf Instagram zu bekommen. Es geht um den erfolgreichen Schein. Was früher das getunte Moped war, das in nervenzerfetzender Lautstärke aus den Hinterhöfen gezuckelt kam, um die Mädchen zu beeindrucken, ist heute ein cooles Instagram-Profil.

Finden Sie albern? Ich auch, ist aber so. Bei Licht gesehen fanden aber unsere eigenen Eltern das getunte Moped vielleicht auch nicht so toll.

Vielleicht kehrt sich das in künftigen Generationen wieder um – dann geht die Jugend vor die Tür, um das echte Leben zu erfahren, und die Erwachsenen sitzen daheim und schütteln den Kopf, weil »die heutige Jugend« nicht einmal mehr ihr Instagram-Profil ordentlich pflegen kann.
Sie sehen: Der Verfall der Sitten ist nicht aufzuhalten, er liegt nur eben immer im Auge des Betrachters.

Kapitel 4:
Die richtige Aufklärung

Die Generationsunterschiede sind auch zwingend nötig für den Prozess der Abnabelung. Wenn es keine Unterschiede zwischen Eltern und Kindern gibt, wie sollen sich die Kinder dann vernünftig von Vater und Mutter abheben? Eigene Wege müssen her, und der oft gehörte Satz in der Pubertät: »Das verstehst du nicht!«, ist weniger ein Vorwurf, sondern ein Versuch der Selbstbehauptung. Eltern sollten ihm deshalb nicht zu viel Bedeutung beimessen. Er ist zu allen Zeiten gesagt worden und wird zu allen Zeiten gesagt werden – und ist bei weitem nicht so richtig, wie die Jugendlichen das gerne hätten. Denn eigentlich verstehen wir Eltern weit mehr, als es den Pubertierenden lieb ist – auch wenn wir uns manche Sichtweisen nur schwer zu eigen machen können.

Im Prinzip aber geht es heute wie damals um den Schein, nicht um das Sein. Wir haben früher auch angegeben, was das Zeug hielt, um einen möglichst guten Eindruck bei der Clique zu hinterlassen – und natürlich auch, um den heimlichen Schwarm zu beeindrucken. Wir hatten nur nicht die heutigen Möglichkeiten der sozialen Medien – dafür allerdings auch nicht den immensen Druck, den diese mit sich bringen. Ein Druck, der nicht zu unterschätzen ist und der nicht nur mit Sex zu tun hat. Das lag auch daran, dass wir viele Fragen einfach nicht stellen konnten. Es gab in früheren Generationen Frauen, die wussten über Sexualität, Kinderkriegen und ihren Körper noch bis zur Hochzeitsnacht rein gar nichts! Auf vorsichtige Nachfrage wurde höchstens geantwortet: »Das merkst du dann schon, wenn es so weit ist.«

Trotzdem ist Sex natürlich ein wichtiges Thema, das für die heutige Generation auch mit weit mehr Varianten und Details gespickt ist, als es das früher der Fall war. Tips und Anregungen bekommen die Jugendlichen praktisch auf allen Kanälen – ob sie das wollen oder nicht. Und ob Sie es glauben oder nicht: Es wollen beileibe nicht alle Jugendlichen, vor allem nicht die Mädchen. Aber oft bleibt ihnen keine Wahl.

Kapitel 4:
Die richtige Aufklärung

Denn Sex ist heute vor allem auch eine Frage der Erwartungen. Er ist weit stärker aufgeladen als in früheren Generationen, wo Sexualität noch häufig auf die Fortpflanzung reduziert wurde. Heute stehen Genuss und Selbstverwirklichung im Mittelpunkt.

Übrigens bringt die Verlagerung des Lebens in den virtuellen Raum eine interessante Beobachtung mit sich: Menschen haben heute weit weniger Sex, als es etwa vor 20 Jahren der Fall war. Dieser Umstand trifft besonders auf die in dieser Hinsicht besonders übel beleumdete junge Generation zu: Obwohl (oder vielleicht auch weil? – wir gehen dieser Frage später nach) Sex heute überall in allen erdenklichen Spielarten verfügbar ist, sind die sogenannten Millenials zurückhaltender als ihre Eltern und Großeltern.
Das durchschnittliche Alter für das erste Mal liegt bei 17 Jahren – und dabei sind Mädchen sogar im Schnitt noch ein wenig früher dran als Jungen.

Kapitel 4.2: Was bedeutet Sex für Jungs?

Jungen pflegen häufig einen sehr pragmatischen Zugang zu Sex. Mitunter missverstehen sie sexuelle Handlungen unter dem Zwang einer Gruppe sogar als Mutprobe. Häufig wird die sexuelle Handlung nicht mit romantischen Gefühlen verbunden, sondern entspringt entweder einem schlichten biologischen Bedürfnis, das ebenso gestillt werden muss wie eben Hunger oder Durst, oder eben dem Wunsch, dazuzugehören, und dem Vorbild und Trend einer Clique zu folgen.
Es braucht die Kerbe im Colt, um als echter Cowboy anerkannt zu werden – besser noch viele Kerben. Dies ist eine typisch männliche Herangehensweise an das Thema.

Kapitel 4:
Die richtige Aufklärung

Dabei geht es natürlich auch um Varianten und um vorgebliches Wissen. Vorgeblich heißt, dass die Jungen Bescheid wissen wollen: Alle Reizwörter, die frühere Generationen mitunter nicht einmal kannten, werden mit Leben gefüllt und als eine Art Einweihungsritual gebraucht: Milf, SM, anal, oral etc. Die Jugend weiß, was das alles bedeutet – oder gibt es zumindest vor.

Für Jungen hat Sexualität häufig etwas Unverbindliches. Sie wollen, wie überhaupt in der Pubertät, auch hier Grenzen ausloten und diese nach Möglichkeit überschreiten. Sie wollen Erfahrungen sammeln, das Spiel auf die Spitze treiben, sich dabei aber in vielen Fällen nicht binden. Sie stellen keine emotionalen Ansprüche und wollen auch keine diesbezüglichen Erwartungen erfüllen. Gerade dieser Punkt bringt sie vielfach in Konflikt mit ihren Partnerinnen – denn Mädchen empfinden ausgerechnet in diesem Punkt ganz anders, was zu folgenreichen Missverständnissen führen kann.

Kapitel 4.3: Und was bedeutet Sex für Mädchen?

Mädchen haben noch immer einen eher romantischen Blick auf die Sexualität. Allen Bemühungen des Feminismus zum Trotz wird noch immer gern auf den Märchenprinzen gewartet, der auf weißem Ross – oder noch besser, auf einem Einhorn mit Regenbogenschweif – in das heimische Kinderzimmer geritten kommt und die darbende Pubertierende mit sich nimmt in ein Land aus Glanz und Glitter. Bei einer derart hohen Erwartungshaltung sind Enttäuschungen vorprogrammiert – zumal die andere Seite, wie wir im vorigen Abschnitt gesehen haben, sich diesem Thema auf eine gänzlich andere Art nähert. Das ist aber nur die eine Seite der Medaille!

Denn auch Mädchen können sehr pragmatisch sein: Ab und an werden sexuelle Handlungen als eine Art Tauschgeschäft

Kapitel 4:
Die richtige Aufklärung

verstanden.

Das liest sich auf den ersten Blick erschreckend, Sie dürfen dabei aber jetzt nicht an Prostitution denken – denn so sehen es die Mädchen selbst auch nicht. Es ist in der Praxis auch etwas weniger dramatisch: Für Mädchen ist Sex häufig die Karotte, die sie dem Jungen vor die Nase hängen, damit er das tut, was sie sich wünschen.

Diese These wurde von Evolutionspsychologen auf die Probe gestellt und bestätigt. Für Frauen – und auch Mädchen – ist Sex durchaus eine Waffe, ein Mittel zum Zweck, um die gewünschten Ziele zu erreichen. Das kann sich ganz banal auf Tätigkeiten im Haushalt beziehen, aber auch auf größere Wünsche und Erwartungen abzielen.

Auch wenn viele Mädchen nach wie vor mit sehr romantischen und teils auch überhöhten Erwartungen an das Thema Sexualität herangehen, gibt es auch viele Frauen, die Sexualität nicht zwingend mit Liebe in Verbindung bringen – Tendenz steigend.

Der Trophäengedanke, der für Jungen oft entscheidend ist, spielt auch bei Mädchen eine Rolle, wenn auch in etwas anderer Ausprägung. Mädchen erobern gerne ihren Traumprinzen, den auch ihre Freundinnen begehren und wollen diesen gern für sich festhalten. Das erste Mittel der Eroberung ist Sex – eine Waffe, der die meisten Jungen nur wenig bis nichts entgegenzusetzen haben. Auch die Mädchen probieren sich aus – und sie genießen das Gefühl der Macht, das ihnen ihre Sexualität gibt.

Das Treueideal, das insbesondere den Mädchen zugeschrieben wird, wird gerade durch die beginnende Menstruation immer wieder infrage gestellt: In der Zeit besonderer Fruchtbarkeit wächst das Verlangen der Frau nach anderen Geschlechtspartnern. Das ist ein Erbe der Evolution, ein Wunsch nach gelingender Fortpflanzung. Frauen sind in diesem Fall also gar nicht so von Männern verschieden, wie man glauben mag.

Kapitel 4.4: Tinder und andere Dating Apps

Wir haben schon davon gesprochen, dass sich Jugendliche heute vor allem in digitalen Profilen gegenüberstehen. Das trifft selbst dann noch zu, wenn sie sich eigentlich aus Schule oder Sportverein kennen – wenn sie überhaupt noch in einem Sportverein Mitglied sein möchten. Es zählt nicht die Person, der man leibhaftig gegenübersteht – sondern die, die sie im Netz zu sein vorgibt.

Natürlich gibt es auch mehr als genug Bekanntschaften, die ausschließlich im Internet geschlossen werden. Die sind besonders gefährlich, weil es hier keine Möglichkeit des Korrektivs gibt: Es zählt nur der Schein, weil die Jugendlichen nur diesen kennenlernen. Hier besteht auch eine valide Missbrauchsgefahr, weil natürlich nicht kontrolliert werden kann, ob hinter dem Online-Profil wirklich die vorgegebene Identität steht. Es gibt erwachsene Männer, die sich genau zu diesem Zweck eine jugendliche Fake-Identität zulegen, um die arglosen Pubertierenden zu beeinflussen.

Deshalb ist es wichtig, dass Sie Ihr Kind auch im Umgang mit Tinder und Dating Apps nicht alleinlassen. Natürlich kann die Frage gestellt werden, ob es im jugendlichen Alter überhaupt schon notwendig ist, sich bei derartigen Apps, bei denen es nur um Beziehungen geht, überhaupt anzumelden. Tun es Instagram, YouTube oder Facebook nicht auch? Wenn es in der Klasse oder in der Gruppe gerade angesagt ist, dann werden Sie Ihr Kind kaum davon abhalten können, ein solches Profil anzulegen – zumal Sie auch schlicht nicht alles kontrollieren können, was Ihr Kind im Netz macht. Deshalb ist es besser, rechtzeitig mit Ihrem Sohn oder Ihrer Tochter auch über dieses Thema zu sprechen. Vielleicht hilft der Vergleich mit der Werbung: Dort sieht auch immer alles schöner und besser aus, als es in Wirklichkeit ist.

Kapitel 4:
Die richtige Aufklärung

Gehen Sie mit Ihren Kindern ins Schnellrestaurant, zeigen Sie Ihnen das Werbefoto auf der Auswahltafel und regen Sie dann einen Vergleich mit dem tatsächlichen Produkt an. Sieht das Gemüse nicht viel schrumpeliger aus als auf dem Bild? Und das Brötchen viel zerknautschter?

Vor allem sollten Sie mit allem Nachdruck darauf hinweisen, dass das Internet nichts vergisst – auch dann nicht, wenn ein Inhalt vom Urheber gelöscht werden. Das gilt besonders für Fotos: Es ist leider ein unter Kindern und Jugendlichen immer stärker verbreiteter Trend, erotische Fotos von sich selbst über Tinder und andere Dating Apps auszutauschen.

Hier endet allerdings die elterliche Toleranz – und auch die des Gesetzgebers. Machen Sie Ihre Kinder darauf aufmerksam, dass die Verbreitung von Kinderpornografie strafbar ist. Das gilt auch dann, wenn zum Beispiel ein 17-jähriger Junge mit einem 14-jährigen Mädchen zusammen ist.

Es kann in dieser Hinsicht nur eine Regel und Linie geben: Erotische Fotos und Filme sind in jeder Hinsicht ein nicht zu verhandelndes Tabu!

Für die Akzeptanz solcher Tabus ist es übrigens hilfreich, wenn Ihre Kinder Sie nicht immer und überall als wandelndes Stoppschild erleben. Wenn von Ihrer Seite immer nur Ermahnungen und Regelsetzungen erfolgen, aber jedes Verständnis fehlt, dann werden Ihre Kinder schnell innerlich abschalten und Ihre Eingaben blockieren.

Kapitel 4.5: Pornos

Natürlich schauen Sie keine Pornos. Ich auch nicht. Nie gesehen. Wirklich! Ich musste für diesen Abschnitt extra recherchieren, worum es sich dabei handelt. Und ich war entsetzt! Meine Kinder würden natürlich nie … und Ihre sowieso nicht. Oder? Doch! Und dafür müssen wir und unsere Kinder nicht einmal Schweinigel sein.

Es genügt die ganz normale menschliche Neugier.

Sagen wird es mal deutlich: Zumindest in Bezug auf die Pubertät sind Pornos wenig hilfreich. Um das festzustellen, muss man kein altjüngferlich-protestantisch verklemmter Moralapostel sein. Fast alle Psychologen sind sich einig, dass die Pornos den Kindern eine Welt vorgaukeln, die es gar nicht gibt, einen Leistungsdruck erzeugen, der ungesund ist. Nur bei den Folgen herrscht Uneinigkeit: Da reicht das Meinungsspektrum von völlig harmlos bis   brandgefährlich.
Ob die Wahrheit in der Mitte liegt oder doch eine Seite recht hat? Das können und wollen wir nicht entscheiden, es ist für den richtigen Umgang mit der Sache auch unerheblich.

Besonders betroffen sind hier die Jungen, deren Pornokonsum nachweislich ungleich höher ausfällt als es bei Mädchen der Fall ist. Das hat Folgen: Jungen bekommen durch diese Filme ein völlig verzerrtes Bild von Sexualität vermittelt, das mit der Wirklichkeit nichts zu tun hat. Trotzdem muss das nicht gleich eine völlige Verderbnis Ihres Nachwuchses bedeuten. Die Welt geht nicht unter, weil Ihr Kind einmal einen Porno ansieht. Dahinter steckt oft nur kindliche Neugier und Entdeckerfreude.

Ihr Kind wird Pornos anschauen. Sie werden es nicht verhindern können. Vielleicht hilft es Ihnen, wenn Sie sich bewusst machen, dass das Überangebot an visueller Information zur Sexualität gerade eben nicht zur Folge hat, dass die pubertierenden Jugendlichen von heute nur noch an das eine denken. Wobei: Sie denken möglicherweise schon daran, aber sie tun es eben nicht.

Kapitel 4:
Die richtige Aufklärung

Jedenfalls nicht früher als ihre Eltern und Großeltern – eher das Gegenteil ist der Fall, wie wir bereits gesehen haben.

Wir halten also mit einem großen Ausrufezeichen fest: Die sogenannte »Generation Porno« gibt es nicht!

Ein weiteres Ausrufe- oder besser Alarmzeichen müssen wir beim Pornokonsum allerdings setzen. Das betrifft Pornos oder auch erotische Bilder, die Jugendliche untereinander austauschen. Wir haben es im vorherigen Abschnitt schon angeschnitten. Alle erotischen Aufnahmen von sich selbst oder von Klassenkameraden sollten ein absolutes Tabu sein – und bergen auch ein strafrechtliches Risiko.

Kapitel 4.6: Missbrauch

Ein ernstes Thema, mit dem Sie hoffentlich nie in der Praxis zu tun haben werden. Aussparen können und wollen wir es aber nicht. Sprechen wir zunächst einmal darüber, wie man Missbrauch im Allgemeinen definiert: Die Bandbreite der möglichen Missbrauchsformen ist sehr weitläufig, und beileibe nicht jeder Missbrauch zählt nach aktueller Rechtsprechung auch als Straftat.

Es ist ohnehin klar: Wenn der Missbrauch erst einmal geschehen ist, dann lässt sich der Schaden kaum beheben, es geht dann nur noch um Begrenzung, um eine Eindämmung des über die Ufer tretenden Hochwassers. Kellerräume abdichten, Sandsäcke auftürmen, Wasser abpumpen – keine angenehme Vorstellung.

Das Ziel muss sein, den Missbrauch zu verhindern, bevor es dazu kommt. Nicht immer ist das möglich. Aber eine wichtige Maßnahme hierzu ist wie so oft die rechtzeitige und umfassende Aufklärung. Diese betrifft Eltern und Kinder gleichermaßen. Fast immer gibt es nämlich Anzeichen für drohenden oder beginnenden Missbrauch – nur werden diese erschreckend häufig übersehen.

Kapitel 4:
Die richtige Aufklärung

Missbrauch bedeutet nicht immer, dass Ihr Kind tatsächlich unsittlich berührt oder zu sexuellen Handlungen aufgefordert wird. Missbrauch kann viele Gesichter haben. Es bedarf nicht einmal eines unmittelbaren Kontakts! Selbst wenn jemand Ihrem Kind, und sei es über das Internet, zum Beispiel während eines Chats, pornographische Bilder zeigt, ist das eine Form von Missbrauch. Das gilt auch für exhibitionistische Handlungen, die jemand vor einem Kind durchführt.

Sexuelle Handlungen im Zusammenhang mit Minderjährigen sind immer eine Straftat, egal, ob der Minderjährige aktiv oder passiv bleibt. Es muss nicht zu sexuellen Handlungen kommen, um ein Kind zu missbrauchen. Dieser Umstand muss auch Kindern bewusst gemacht werden.

Oft unberücksichtigt bleiben bei der Missbrauchsdiskussion die Frauen. Es wäre allerdings fatal, davon auszugehen, dass Missbrauch nur von Männern begangen würde. Auch wenn es noch nicht flächendeckend im allgemeinen Bewusstsein angekommen ist, hat die Forschung doch längst Gewissheit, dass unter den Missbrauchstätern auch viele Frauen zu finden sind.

Zwar stellen nach wie vor Männer die Mehrheit – 96 % aller ermittelten Missbrauchsfälle wurden von Männern begangen –, doch liegt das auch daran, dass Missbrauch durch Frauen stärker als Tabu gilt und seltener angezeigt wird. Dennoch findet er statt und muss in das Denken über Missbrauch miteinbezogen werden.

Die genaue Ermittlung der Zahlen von Missbrauchsopfern fällt schwer. Rund 8,5 % aller jungen Erwachsenen in Deutschland wurden als Kinder Opfer von sexuellem Missbrauch. Das sind aber nur die bekannten Zahlen – alle Experten sind sich einig, dass die Dunkelziffer weit höher liegt.

Wird ein Missbrauch nicht erkannt und aufgeklärt, dann besteht die Gefahr, dass die Opfer ein Leben lang unter den Folgen leiden und möglicherweise selbst zu Tätern werden.

Experten sprechen von einer Art Überlebensstrategie, bei der das

Kapitel 4:
Die richtige Aufklärung

Opfer den erlebten, aber nie aufgearbeiteten, sondern verdrängten Missbrauch durch eine selbst verübte Tat zu überwinden versucht.

Die wichtigste Waffe im Kampf gegen sexuellen Missbrauch ist und bleibt die Aufklärung. Das gilt für Kinder und Eltern gleichermaßen. Denn Umfragen und Studien haben einen erschreckenden Umstand zutage gefördert: Nur wenige Kinder und Jugendliche, die online sexueller Belästigung ausgesetzt waren, haben im Anschluss auch den Kontakt zu der jeweiligen Person abgebrochen.
Rund 86 % setzten die Beziehung fort – und rund ein Viertel stimmte sogar einem persönlichen Treffen zu.

Das ist vor allem damit zu erklären, dass die betroffenen Kinder und Jugendliche von dieser Situation überfordert waren und sich gegen ihren Bedränger nicht zur Wehr setzen konnten. Deshalb ist es wichtig, dass die Kinder und Jugendlichen über derartige Möglichkeiten Bescheid wissen und sich wappnen. Eltern sollten mit ihren Kindern solche Situationen durchspielen und auch miteinander festlegen, wie das richtige Verhalten angesichts von Belästigung aussieht. Bedenken Sie auch, dass sich die Betroffenen aus Scham selten offenbaren und auch keine therapeutische Hilfe in Anspruch nehmen. Die langfristigen Folgeschäden für das Individuum und die gesamte Gesellschaft sind immens.

Die vielleicht wichtigste Lektion, die Eltern in dieser Sache ihren Kindern beibringen können, ist deshalb ein gesundes Nein. Kinder sollen und dürfen laut und bestimmt Nein sagen, wenn ihnen eine Annäherung zu weit geht. Dabei muss es gar nicht immer um Missbrauch gehen. Auch wenn den Kinder gerade nicht nach Umarmungen der Eltern ist, dürfen und sollen sie das sagen – und die Eltern sollten das respektieren, ohne beleidigt zu sein.

Kapitel 4.6.1: Pädophilie

Die schlimmste Form des Missbrauchs ist wohl Pädophilie. Wobei man hier einen Trennstrich ziehen muss: Bei Weitem nicht jeder, der pädophile Neigungen verspürt, wird auch wirklich zum Täter – und häufig entspringt der Missbrauch an Kindern nicht einem pädophilen Trieb, sondern einem krankhaften Bedürfnis nach Macht und Überlegenheit. Trotzdem sind die nackten Zahlen erschreckend: Allein in Deutschland leben rund 250.000 erwachsene Männer, die Kinder unter 14 Jahren sexuell anziehend finden. Das ist zwar nur ein % der Gesamtbevölkerung, aber doch eine ebenso erstaunlich wie erschreckend große Zahl. Andere Studien sprechen davon, dass 4,4 % aller Männer sexuelle Fantasien mit Kindern haben.

Pädophilie macht sich übrigens normalerweise in der Pubertät erstmals bemerkbar. Man versteht darunter eine sexuelle Präferenz für das kindliche Körperschema. Im Gegensatz zum allgemeinen sexuellen Missbrauch handelt es sich bei Pädophilie nach derzeitigem Forschungsstand tatsächlich um ein rein männliches Phänomen. Experten sind allerdings davon überzeugt, dass es auch Frauen mit pädophilen Neigungen gibt. Das Gefährliche an der Pädophilie ist vor allem der Umstand, dass sie in der Regel im unmittelbaren Umfeld des Täters ausgelebt wird. Es ist wirklich der vielbeschworene nette Onkel, Nachbar oder mitunter sogar der eigene Vater.

Die Wissenschaft unterscheidet zwischen einer pädophilen Störung, die nicht therapierbar ist, und einer pädophilen Neigung, die sich behandeln lässt. Die pädophile Veranlagung an sich ist übrigens keine Straftat! Nur wenn es in der Tat zu einem Missbrauch kommt, wird ein Verbrechen begangen.

Wie auch beim allgemeinen Missbrauch sind Aufklärung und Achtsamkeit die wirksamste Maßnahme gegen Pädophilie.

Kapitel 4:
Die richtige Aufklärung

Achten Sie auf alle möglichen Signale und schauen Sie nicht weg – viel Kinderleid hätte verhindert werden können, wenn die Zeugen sich nicht bewusst abgewendet hätten.

Kapitel 5:
Die erste Beziehung – echte Challenge

Die erste Liebe vergisst man nie, heißt es. Manchmal ist aber auch gerade die erste Liebe zum Vergessen, und das macht Pubertierenden sehr zu schaffen. Trotzdem wird die erste Liebe Spuren hinterlassen, die ihren Abdruck ein Leben lang behalten. Ganz gleich, wie viele Beziehungen ein Mensch im Laufe seines Lebens hat, die erste Liebe wird immer einen besonderen Stellenwert behalten und auch auf andere, spätere Beziehungen abstrahlen.

Das Erste ist immer das Besondere. Das erste Kind, der erste Läufer im Ziel, der erste Ausbildungsvertrag, das erste Gehalt – und eben der erste Kuss und das erste Mal. Erste Dinge sind aber auch immer eine besondere Herausforderung, sie stellen eine Pionierleistung dar, ein Vordringen über die Grenze in neue, unerkannte Bereiche. Sehr wahrscheinlich werden Sie es Ihrem Kind recht schnell anmerken, wenn die Liebe das erste Mal zuschlägt und Amors Pfeile bündelweise im unerfahrenen Herzen vibrieren.

Dann sollten Sie unbedingt der Versuchung widerstehen, ihre Scherze damit zu treiben. Für die frisch und erstmals verliebten jungen Menschen ist diese erste Liebe nämlich eine todernste Sache. Und in vielen Fällen sind sie auch fest davon überzeugt, dass es die große und einzige Liebe sein und bleiben wird.

Vielleicht fragen Sie sich jetzt, ob Ihr Kind nicht viel zu jung für so ein schwerwiegendes Ereignis ist. Insbesondere Väter von Töchtern können sich oft gar nicht damit anfreunden, dass ihre kleine Prinzessin plötzlich einen anderen Mann anhimmelt. Aber ob Vater oder Mutter, ob Sohn oder Tochter – eine Sache müssen Sie sich klarmachen: Ihre Einflussmöglichkeit ist begrenzt. Wenn

Kapitel 5:
Die erste Beziehung – echte Challenge

es etwas gibt, was sich Kinder niemals ausreden lassen, dann ist das die erste Liebe.

Deshalb ist Vertrauen gefragt: Vertrauen in Ihr Kind, aber auch Vertrauen in Ihre Erziehung. Und natürlich müssen Sie erster Ansprechpartner bleiben – das geht aber nur, wenn Sie, wie eingangs erwähnt, die Gefühle Ihres Kindes ernst nehmen. Ihr Kind wird es Ihnen danken, denn auch wenn Ihr Sohn oder Ihre Tochter zu Beginn der Beziehung vielleicht noch nicht so richtig mit der Sprache heraus möchte, wird sich der Redebedarf langfristig ganz sicher einstellen.

Und ein möglichst früh zu behandelndes Thema sollte bei diesen Gesprächen die richtige Verhütung sein. Die ist nämlich in doppeltem Sinn wichtig: Einerseits bewahrt Sie Ihr Kind vor unerwünschtem, viel zu frühem Nachwuchs. Anderseits schützt sie auch vor Krankheiten. Geschlechtskrankheiten sind nach wie vor ein großes Problem, das durch ungenügende Verhütung noch gesteigert wird. Deshalb sollten Sie dieses heiße Thema möglichst bald bei den Hörnern packen und erst wieder loslassen, wenn alles Wichtige gesagt wurde.

Eine erste Liebe bedeutet oft auch ersten Liebeskummer. Natürlich würden Sie als Eltern Ihrem Kind diese leidvolle Erfahrung gerne ersparen. Aber Sie können es nicht. Je eher Sie das akzeptieren, desto leichter fällt Ihnen der Umgang mit dieser Situation – und desto mehr Verständnis und Trost können Sie Ihrem Kind schenken, wenn es wirklich dazu kommt.

Oft ist in Ratgebern der Hinweis zu lesen, Eltern sollten an ihre eigene erste Liebe denken. Dieser Rat ist aber ein zweischneidiges Schwert, denn er birgt auch die Gefahr, dass Eltern ihre eigenen Erfahrungen und Erinnerungen auf die Beziehung ihres Kindes übertragen. Das ist aber nur sehr begrenzt sinnvoll. Ihr Kind muss seine eigenen Erfahrungen machen – und das werden möglicherweise oder sehr wahrscheinlich ganz andere sein als Ihre. Und das ist gut so. Sie sollten Ihr Kind dabei unterstützen, diese Erfahrungen zu machen – unter anderem mit der ersten Übernachtung. Womit wir beim nächsten Punkt wären.

Kapitel 5.1: Erste Übernachtung

Die schlechte Nachricht: Nein, Sie dürfen nicht dabei sein, auch wenn Sie noch so gerne Mäuschen spielen möchten. Aber es ist der Romantik wirklich nicht dienlich, wenn Papa oder Mama mit Argusaugen danebensitzen und hilfreiche Ratschläge erteilen. Gefragt sind die Eltern höchstens im Vorfeld, aber keineswegs als Begleiter. In diesem Zusammenhang auch gleich noch ein guter Tip: Es ist keine gute Idee, zwischendurch mal eine SMS oder WhatsApp-Nachricht zu schicken. Wenn es eine Person gibt, von der Ihr Kind bei seiner ersten gemeinsamen Nacht mit der oder dem Liebsten nichts hören oder lesen will, dann sind Sie das. Tut mir leid, wenn das jetzt harsch klingt, aber so ist es nun mal.

Eines müssen Sie sich von Anfang an klar machen: Verhindern können Sie das erste Mal nicht. Sie können lediglich so gut wie möglich dafür sorgen, dass alles in geordneten Bahnen verläuft und keine folgenreiche Missgeschicke passieren. Nicht von ungefähr heißt es: Wo ein Wille ist, da ist auch ein Busch! Bevor Ihr Kind sich unter Stress und Zeitnot in einem dornigen Busch seine ersten Erfahrungen sucht, ist es besser, Sie helfen beim Schaffen eines geeigneten Rahmens.

Die wichtigste und keinesfalls verhandelbare Grundregel sollten Eltern allerdings in allem Ernst und mit angemessenem Nachdruck im Vorfeld abklären: Niemals, wirklich niemals darf etwas geschehen, für das sich der Sohn oder die Tochter noch nicht bereit fühlen. Die erste Übernachtung ist möglich – wenn der oder die Jugendliche das auch wirklich möchte.

Genau da ist Ihr Einfühlungsvermögen gefragt. Reagieren Sie nicht mit reflexartigem Widerstand auf einen solchen Wunsch, sondern mit Verständnis. Klären Sie dann in einem vertrauensvollen Gespräch ab, ob Ihr Kind wirklich bereit ist für solch einen Schritt.

Kapitel 5:
Die erste Beziehung – echte Challenge

Machen Sie ihm klar, dass es das erste Mal eben wirklich nur ein einziges Mal geben wird und keine spätere Korrektur möglich ist.

Oft fühlen sich Mädchen noch gar nicht wirklich bereit und geben nur dem ständigen Drängen des Freundes nach. Es kann aber auch umgekehrt sein, dass der Junge noch gar nicht will, der Druck im Freundeskreis aber entsprechend groß ist, sodass er endlich gleichziehen möchte.

Damit die erste Übernachtung auch bei gegenseitiger Übereinstimmung und dem echten Wunsch nach sexuellen Erfahrungen nicht mit einer unverhofften Empfängnis endet, sollten Sie rechtzeitig mit Ihrem Kind über Verhütungsmittel sprechen. Rechtzeitig heißt: Zu Beginn oder vor einer Beziehung, nicht erst dann, wenn es die Jungverliebten bereits aufs gemeinsame Lager zieht.

Es kann auch sein, dass Sie im Vorfeld gar nicht über die erste Übernachtung informiert werden. Dann steht plötzlich ein wildfremder Jüngling oder eine junge Maid in Ihrem Badezimmer, wenn Sie am Morgen noch reichlich verschlafen zur Toilette schlurfen. In diesem Fall sollten Sie eventuelle Schlag- und Beißreflexe tunlichst unterdrücken.

Kapitel 5.2: Die Sache mit den Eltern

Eltern sind uncool, das liegt in der Natur der Sache. Ganz besonders uncool sind sie, wenn es um die erste Beziehung geht. Trotzdem sind Eltern nach wie vor die ersten und wichtigsten Ansprechpartner, wenn es um das wichtige und heikle Thema Sexualität geht. Nur da, wo Eltern sich diesem Gespräch verweigern – was zum Beispiel in muslimischen Familien, die das Thema Sex generell eher tabuisieren, der Fall ist –, treten häufig die Lehrer in der Schule an diese Stelle.

Kapitel 5:
Die erste Beziehung – echte Challenge

Es gibt allerdings einen Punkt, bei dem es ohne Eltern nicht geht, und das betrifft auch die eben besprochene erste Übernachtung. Und dabei sollten Sie – und auch Ihre Kinder – nicht vergessen, dass es ja immer zwei Elternpaare gibt.

Das bedeutet eine Menge schwieriger Vorstellungen. Einmal müssen die Eltern den Freund oder die Freundin kennenlernen – und dann eben auch die anderen Eltern. Das kann mitunter in hohe Diplomatie ausarten, weil Eltern natürlich bei der ganzen Sache durchaus parteiisch sind.

Längst nicht immer drohen aber offene Konflikte. Oft ist man sich auf Anhieb sympathisch. Manche Väter verstehen sich auch so gut, dass beide nach dem ersten Treffen einen Kater haben. Generell empfiehlt es sich, das Treffen der Eltern nicht zu wild zu veranstalten. Entweder verstehen sie sich, oder eben nicht. Beeinflussen können die Kinder das ebenso wenig wie die Eltern.

Sie selbst sollten aber daran denken, dass Ihrem Kind die Beziehung und das Verhältnis zu den Eltern wichtig ist. Zeigen Sie sich deshalb ruhig von Ihrer besten Seite und springen Sie nicht über jedes Stöckchen, das Ihnen hingehalten wird. In anderen Worten: Wenn Sie Fan von Borussia Dortmund sind und Ihr Sohn sich in ein blauhaariges Schalke-Mädchen verliebt hat, dann reden Sie an diesem Abend eben ausnahmsweise einmal nicht über Fußball.

Überhaupt ist die Auswahl des passenden Gesprächsthemas ein Schlüssel zu einem erfolgreichen ersten Kennenlernen der Eltern. Meiden Sie deshalb alle Tretminen: Ein Vergleich von unterschiedlichen Erziehungsmethoden kann nur nach hinten losgehen.
Überhaupt sollten Sie Rivalitäten keinen Raum geben. Leider haben Eltern eine natürliche Neigung dazu, bei einem Treffen genau die Themen zu besprechen, die den meisten Konfliktstoff bergen. Wenn Sie sich im Vorfeld darüber Gedanken machen, fällt es Ihnen womöglich leichter, diese Klippen zu umschiffen.

Und allen Kindern sei zum Trost gesagt: Ihr seid ja nicht mit den Eltern zusammen...

Kapitel 6: Interesse am gleichen Geschlecht

Ein heute besonders aktuelles, für viele Menschen aber immer noch heikles Thema. Ein gewisser Prozentsatz an Jugendlichen entdeckt in der Pubertät, dass es sich zum eigenen Geschlecht hingezogen fühlt. Für die betroffenen Jungen und Mädchen stellt sich in diesem Fall eine doppelte, wenn nicht sogar eine dreifache Hürde: Zum einen müssen sie sich selbst dieser Neigung bewusst werden und diese sich eingestehen. Zum anderen geht es auch darum, diese gegenüber ihrem Umfeld festzustellen – dem familiären und dem außerfamiliären. Das ist auch heute noch schwer.

Vielleicht sind Sie eher der progressive Typ, der angesichts einer solchen Enthüllung eher mit den Schultern zuckt und sich nichts weiter dabei denkt.
Dann hat Ihr Kind sicher Glück, von Anfang an auf Verständnis und Toleranz zu treffen, allerdings ist es damit nicht abgetan.

Selbst wenn Sie überhaupt keine Probleme mit einer gleichgeschlechtlichen Neigung bei Ihren Kindern haben sollten, besteht dennoch Redebedarf.
Ihr Kind freut sich in einer solchen Situation nicht nur über Toleranz und Akzeptanz, sondern vor allem auch über Zuspruch und bestärkende Begleitung. Ein Outing ist eine Herausforderung, auch außerhalb der Familie. Wenn Ihr Kind diese Belastung nicht allein durchstehen muss, ist das eine große Hilfe! Nach wie vor ist die übliche Form der Liebesbeziehung die Verbindung zwischen Mann und Frau.

Kapitel 6:
Interesse am gleichen Geschlecht

Das trifft auch auf die meisten Jugendlichen zu. Ein homosexueller Jugendlicher hat es also in seinem Umfeld immer schwer, seinen Platz zu finden – auch dann, wenn seine Veranlagung akzeptiert wird. Eltern und Familie können hier einen wertvollen und unersetzlichen Beistand leisten.

Wenn Sie jedoch zu dem Menschen gehören, die sich schwer mit einer solchen Enthüllung tun – und das sind immer noch sehr viele Menschen, auch solche, die eigentlich in Ihrem Umfeld tolerant gegenüber Homosexuellen sind –, dann gibt es öffentliche Anlaufstellen, die Ihnen dabei helfen können. Dazu gehört das *Bündnis der Eltern, Freunde und Angehörigen von Homosexuellen (BEFAH)*, der *Lesben- und Schwulenverband*, die *Bundeszentrale für gesundheitliche Aufklärung*, die auch eine kostenlose Broschüre zu diesem Thema anbietet, die *Deutsche AIDS-Hilfe*, das queere *Jugendnetzwerk Lambda* oder der Verein *Coming Out Day*, der von der *Aktion Mensch* unterstützt wird. Alle diese Organisationen haben große Online-Präsenzen, auf denen Sie sich unverbindlich und auch anonym informieren können.

Natürlich ist die Pubertät eine Zeit der Unsicherheiten, des Experimentierens und des Ausprobierens. Nicht jeder Jugendliche, der sich in dieser Phase zum anderen Geschlecht hingezogen fühlt, ist wirklich homosexuell. Eltern sollten aber auf keinen Fall irgend etwas in dieser Hinsicht erzwingen wollen.

Das gilt auch dann, wenn Sie vielleicht einen leisen Verdacht hegen, dass Ihr Kind diese Neigungen hat und gerne darüber sprechen möchten. Es ist letzten Endes die Entscheidung Ihres Sohnes oder Ihrer Tochter, wann und wie Sie ins Vertrauen gezogen werden. Sie können aber eine Atmosphäre der Geborgenheit und des Vertrauens schaffen, die Ihrem Kind signalisiert, dass Sie immer da sein werden, um jedes, wirklich jedes Thema zu besprechen.

Kinder sind sehr sensibel und feinfühlig, gerade während der Pubertät. Es mag nicht immer so aussehen, aber die meisten Jungen und Mädchen spüren sehr genau, ob sie ihren Eltern eine Sache anvertrauen können oder auf Ablehnung stoßen werden.

Kapitel 6:
Interesse am gleichen Geschlecht

Dabei spielt auch eine Rolle, welchen Standpunkt Sie selbst zu Homosexualität einnehmen und wie Sie sich in der Vergangenheit dazu geäußert haben.

Eins möchte ich Ihnen aber auf jeden Fall ans Herz legen: Ihr Kind bleibt immer Ihr Kind, unabhängig von seiner sexuellen Ausrichtung. Wollen Sie wirklich wegen eines biologischen Details Ihr Kind verlieren? Eltern sind die natürlichen und wichtigsten Verbündeten ihres Kindes. Das sollte auch so bleiben.

Kapitel 6.1: Was Sie auf keinen Fall sagen sollten

Die Klassiker »Das ist doch nur eine Phase!« oder »Mach dir nichts draus, das geht vorbei!« sind genau die Sätze, die Jugendliche in einer solchen Situation nicht hören möchten. Also sollten Sie solche Sätze auch nicht sagen – denn sie helfen weder Ihnen noch Ihrem Kind. Sie vergrößern lediglich den Spalt zu einer Schlucht, in die letztlich Sie selbst und Ihr Kind fallen können.
Und daraus wieder zu entkommen, ist schwer.

Sie sollten nach Möglichkeit auch vermeiden, Ihrem Kind gegenüber allzu unglücklich zu wirken, selbst wenn Ihnen die Situation zu schaffen macht. Allerdings: Wenn Sie lügen oder täuschen, wird Ihr Kind das ohnehin bald oder sogar gleich bemerken, deshalb ist Aufrichtigkeit immer die beste Lösung.

Rechnen Sie aber damit, dass Ihr Kind in seinem sozialen Umfeld ohnehin Ablehnung erfährt: Auch wenn Homosexualität immer breitere Akzeptanz findet, ist doch gerade in der Schule die Wahrscheinlichkeit noch hoch, dass Spott- und Schimpfworte fallen. Da ist es gut, wenn es einen sicheren Hafen der Akzeptanz und des Verständnisses gibt.

Kapitel 6:
Interesse am gleichen Geschlecht

Auch wenn Sie bestimmte Dinge nicht sagen sollten: Schweigen ist erst recht keine Lösung. Wegschauen auch nicht. Nahezu jeder 3. Suizidversuch bei Jugendlichen hängt mit Homosexualität zusammen. Wichtig ist das Gespräch. Und selbst wenn Sie zunächst unglücklich oder falsch reagieren und etwas sagen, was Sie nicht hätten sagen sollen: Das lässt sich korrigieren. Sie können sich immer noch bei Ihrem Kind entschuldigen. Wenn sie eine gewisse Zeit brauchen, um mit der für Sie neuen Situation fertigzuwerden, dann wird Ihr Kind das verstehen – denn ihm ist es ganz genauso ergangen. Kaum ein Mensch erkennt und akzeptiert seine Homosexualität auf Anhieb.

Schlucken Sie nach Möglichkeit alles herunter, was Ihr Kind belasten würde. Dazu gehört auch die Klage über die ausbleibenden Enkelkinder, die Sie sich doch so sehr gewünscht haben. Nebenbei: Auch heterosexuelle Paare sind keine Garantie für   Enkel.
Als Eltern haben Sie auch und gerade in dieser Situation eine gewaltige Verantwortung, denn Angst vor dem eigenen Elternhaus ist für viele Jugendliche der entscheidende Faktor, der das Fass zum Überlaufen bringt und eine Kurzschlussreaktion provoziert.

Kapitel 7: Das Internet: Gefahren und Chancen

Es ist nicht immer nett, das Internet. Tatsächlich lauert in den Tiefen des World Wide Webs eine Menge Gefahren – und manche davon befinden sich sogar ziemlich weit an der Oberfläche. Das Problem an der Pubertät ist gleichzeitig die große Stärke: Jugendliche in der Pubertät erleben eine unbändige Entdeckerfreude, einen kaum stillbaren Hunger auf neue Erfahrungen und eine ausgeprägte Sehnsucht nach Grenzübertritten.

Das Internet ist für pubertierende Jugendliche deshalb die ideale Umgebung – und deshalb so brandgefährlich. Aber wir dürfen uns keinerlei Illusion hingeben: Ohne Internet geht es nicht. Ihr Kind muss sich möglichst früh eine ausreichende Medienkompetenz aneignen, wenn es in unserer modernen Welt erfolgreich sein will.

Das Interesse am Internet beginnt heute früh: Als Richtwert gilt ein Alter von fünf Jahren, in dem das Internet für die Kinder interessant wird. Das bedeutet: Wenn Ihr Kind die Pubertät erreicht, hat es längst gelernt, sich im Internet zu bewegen. Es wird auch eine eigene E-Mail-Adresse besitzen, unter der es mit vertrauten Personen korrespondieren kann. Das stärkt neben der Online- auch die Lese- und Schreibkompetenz.

Ein Online-Profil sollte Ihr Kind allerdings vor der Pubertät noch nicht haben – und auch kein Chatprogramm. Denn im Gegensatz zu einer von den Eltern verwalteten E-Mail-Adresse lässt sich ein Chat viel schwerer kontrollieren.

Das Internet ist ein gefährlicher Ort, davor sollten wir nicht die Augen verschließen. Ihr Kind sollte gerade in den ersten Jahren nicht allein und ohne Aufsicht im Netz unterwegs sein. In der Pubertät ist das allerdings nicht mehr möglich, weshalb die Grundprinzipien schon vorher eingeübt werden sollten: Wenn das Interesse an einem Chat zunimmt, sollten Sie diesen gestatten – aber zuvor eindeutige Regeln festlegen. Die wichtigsten lauten: keine Klarnamen und Daten, keine persönlichen und schon gar keine freizügigen Fotos, keine persönlichen Treffen ohne Rücksprache mit Ihnen! Auf diese Regeln muss sich das Kind einlassen – und Sie sollten auch deutlich machen, warum Sie diese aufstellen.

Ganz ohne Panikmache muss Ihr Kind über die Gefahren im Netz informiert werden. Viele Regeln aus dem analogen Leben lassen sich ins Digitale übertragen: Nicht mit Fremden reden, möglichst nur in vertrauter Umgebung aufhalten. Soziale Kompetenzen sind auch online immens wichtig: Je mehr sich Ihr Kind davon aneignet, desto sicherer wird es sich auch in einer virtuellen Umgebung bewegen.

Kapitel 7.1: Generation Internet

Für die aktuelle Generation ist das Internet kein Angebot, sondern ein Zuhause. Im besten Fall ein zweites, im schlechtesten Fall das einzige. Das Problem: Spätestens in der Pubertät kommen Sie an der Anschaffung eines Smartphones für Ihr Kind nicht mehr herum. Mit einem Smartphone ist Ihr Kind jedoch permanent online – und zumindest theoretisch jederzeit in der Lage, im Internet zu verschwinden.

Die bloßen Zahlen können Eltern nervös machen: Im Jahr 2019 verbrachten Jugendliche zwischen 12 und 19 Jahren im Schnitt an die 205 Minuten am Tag im Internet. Das sind dreieinhalb Stunden. Im Jahr 2007 betrug diese Zeitspanne nicht einmal die

Kapitel 7:
Das Internet: Gefahren und Chancen

Hälfte! Klarer Spitzenreiter bei den Online-Tätigkeiten ist aktuell WhatsApp, dicht gefolgt von Instagram.

Von den regulären Internetseiten abseits der sozialen Medien ist die Videoplattform YouTube der ungeschlagene Spitzenreiter.

Die Jugendlichen schlagen dabei die Erwachsenen klar aus dem Feld: Die Gesamtbevölkerung ist im Durchschnitt nur 196 Minuten online. Allerdings entfallen bei Erwachsenen pro Tag rund 44 Minuten allein auf das Schreiben von E-Mails, was auch viel geschäftliche Korrespondenz miteinschließen dürfte. Ein Umstand, der Jugendliche in der Pubertät eher nicht betrifft.

Für die Jugendlichen ist das Internet vor allem eines: Das Wunderland, das sie jederzeit erreichen können, um die Grenzen der Realität zu überschreiten.

Anders als Alice müssen sie dafür nicht einmal dem weißen Kaninchen nachlaufen und in ein Kaninchenloch springen. Das Kaninchenloch der modernen Jugend sind die sozialen Medien. Gerade darin liegt die große Gefahr des Internets: Unzufriedenheit im wirklichen Leben kann durch eine Online-Scheinwelt kompensiert werden, die natürlich auch die Gefahr birgt, bei Jugendlichen eine Sucht und/oder eine Fluchtreaktion auszulösen.

Das Internet, namentlich die in der Hauptsache genutzten sozialen Medien und YouTube, dient den Jugendlichen als Instrument der Selbstinszenierung. So, wie sich kleine Kinder verkleiden und Ritter oder Pirat spielen, spielen auch die Jugendlichen mittels ihrer Online-Profile eine Rolle. Das Internet bietet den Jugendlichen schier grenzenlose Möglichkeiten, aus der eigenen Lebenssituation auszubrechen und jemand zu sein, der sie sein wollen, aber eigentlich nicht sind. Das birgt selbstredend auch Gefahren.

Kapitel 7.2: Instagram, TikTok, Facebook, YouTube und Co.

Die ältere Generation nutzt hauptsächlich Facebook, aber es gibt inzwischen weitere soziale Online-Plattformen, die bei Jugendlichen höher im Kurs stehen. Das wichtigste Thema, das dort behandelt wird, sind zunächst einmal die Jugendlichen selbst. Egal ob Instagram- oder YouTube-Account, egal, welchen Themen man sich dort vordergründig widmet: Die eigentliche Hauptattraktion ist immer der Account-Inhaber. Und der braucht Publikum.

Das Publikum, die Follower, entspricht im Internet der Einschaltquote von Fernsehsendern. Sie sind das Gold, nach dem im Internet geschürft wird. Die Regeln sind dabei ganz einfach: Wer mit seiner Performance die meisten Interessenten bindet und begeistert, steigt in der Rangliste nach oben. Nicht die Qualität der Kontakte zählt, sondern allein die Quantität.

Für die Jugendlichen ist das wichtig, um in ihrer Clique anerkannt zu sein. Gerne werden da schon einmal die Follower-Zahlen verglichen – das bedeutet auch großen Druck.

Um Beifall in Form von Likes (die wichtigste Währung im Internet) zu bekommen, sind Jugendliche zu großem Einsatz bereit. Und dieser Einsatz schießt häufig auch über das Ziel hinaus – und das hat ernste Folgen. Die vielleicht unangenehmste Eigenschaft des Internets ist sein gutes Gedächtnis. Das Internet vergisst nie. Das gilt auch und besonders für Inhalte, die in den sozialen Medien gepostet oder auf Video- und Fotoplattformen hochgeladen werden.

Kapitel 7:
Das Internet: Gefahren und Chancen

Wer allzu sorglos und freigiebig mit seinen persönlichen Daten umgeht, lädt möglicherweise zweifelhafte Naturen zu schädlichen Umtrieben ein.

Das musste zum Beispiel die erfolgreiche Schweizer Influencerin Antonella Patitucci am eigenen Leib schmerzlich erfahren, als sie das Opfer eines Stalkers wurde, der sie im Internet entdeckte und anhand ihren veröffentlichten Daten im echten Leben ausfindig machte. Inzwischen hat Paitucci ihren erfolgreichen Account gelöscht, um den ständigen quälenden Nachstellungen zu entgehen.

Für wohl alle Eltern ist eine derartige Vorstellung ein echter Albtraum, und sie überlegen, wie sie ihre Kinder schützen können. Hier gilt es aber, die richtige Balance aus Schutz und Chance zu finden. Wie bei vielen Dingen in der Pubertät ist auch bei der Nutzung der sozialen Medien ein Verbot völlig fehl am Platz. Social Media ist heute obligatorisch. Wer sich dem verweigert, wird abgehängt. Das gilt besonders für pubertierende Jugendliche. Ohne einen entsprechenden Zugang stempeln Sie Ihr Kind zum Außenseiter. Sie können das Rad nicht zurückdrehen – aber Sie können verhindern, dass es überdreht.

Für die Jugendlichen ist die künstliche Welt der sozialen Medien ein Rückzugsort, ein Fluchtpunkt, an dem gesellschaftliche Umbrüche, familiäre Probleme und natürlich die Symptome und Belastungen der Pubertät hinter einer glitzernden Kulisse verschwinden – wenigstens zeitweise. Je labiler das soziale Umfeld ist, desto größer ist die Versuchung, in diese Scheinwelt zu entfliehen.

Es ist ein Spiel, in dem es um Sehen und Gesehen werden geht, ein Spiel, das den Sehnsuchtsort »Heile Welt« zum Inhalt hat.

Eine heile Scheinwelt ist natürlich besonders da interessant, wo die Wirklichkeit deutlich davon abweicht. In einer intakten Familie, in der über alles gesprochen wird und ein grundsätzliches Vertrauensverhältnis vorhanden ist, verliert die alternative Online-Identität an Bedeutung.

Kapitel 7:
Das Internet: Gefahren und Chancen

Oft werden bestimmte Posts oder Inhalte dann auch den Eltern gezeigt und es wird darüber gesprochen. Dabei ist es wichtig, dass die Kinder auf Verständnis und Interesse stoßen.

Besonders gefährlich sind im Internet die falschen Vorbilder. Die sogenannten Influencer, die ein erfolgreiches und begehrenswertes Leben vortäuschen, besitzen in vielen Fällen ein knallhartes finanzielles Interesse. Produkte werden nicht aus Überzeugung empfohlen, sondern weil die dahinterstehende Firma gutes Geld bezahlt.

Noch gefährlicher sind vermeintliche Idole, die ihren jugendlichen Zuschauern Glücksspielangebote nahebringen oder Alkohol und Zigaretten als cool verkaufen. James Dean wäre heute kein Filmstar – James Dean hätte einen YouTube-Kanal.

Kapitel 8:
Drogen, Zigaretten,
Alkohol und Spielsucht

Im Zeitalter des Internets könnte man sie fast vergessen, aber es gibt sie noch: die guten alten Süchte. Ganz ohne Digitalisierung spielen die analogen Versuchungen Drogen, Zigaretten, Alkohol und Spielsucht eine gefährliche Rolle.

Die bloßen Zahlen sind alarmierend: Trotz zahlreicher Suchtsubventionsprogramme steigt die Zahl der Drogendelikte von Jugendlichen kontinuierlich an. An der Spitze steht dabei Cannabis, das in der Gesellschaft immer mehr Akzeptanz findet und nach Ansicht vieler Experten verharmlost wird. Etwa 19 % der Jugendlichen geben offen zu, schon einmal Cannabis konsumiert zu haben. Die Zahl der Raucher hat sich in den letzten 15 Jahren hingegen um ein Drittel verringert.

Die einzige gute Nachricht: Der Konsum von harten Drogen wie zum Beispiel Heroin oder Kokain ist unter Jugendlichen vergleichsweise gering. Trotzdem ist gerade hier natürlich jeder Einzelfall einer zu viel – und es kann Ihnen niemand garantieren, dass nicht Ihr Kind sich zu einem folgenschweren Experiment verleiten   lässt.
Das Internet erlaubt leider auch einen leichteren Zugang zu problematischen Stoffen, weil die Jugendlichen nicht mehr auf einen Dealer in räumlicher Nähe angewiesen sind.

Zwar ist auch der Konsum von riskantem Alkoholkonsum bei Jungen und Mädchen zurückgegangen, allerdings ist der Gesamtwert immer noch recht hoch. Deutschland ist ein Hochkonsumland, wobei etwa doppelt so viele Jungen wie Mädchen regelmäßig Alkohol trinken.

Kapitel 8:
Drogen, Zigaretten, Alkohol und Spielsucht

Das berüchtigte Komasaufen, das in den letzten Jahren vielfach die Schlagzeilen beherrschte, ist inzwischen deutlich zurückgegangen. Trotzdem sind Tabak und Alkohol noch immer die Einstiegsdrogen, die den Jugendlichen häufig den Weg zu weiteren Rausch- und Suchtmitteln bereiten.

Ein weiterer Suchtfaktor ist das Online-Spiel: Dabei geht es nicht nur um Glücksspiel-Casinos im Internet, die auf den ersten Blick als solche zu erkennen sind und die eigentlich für Jugendliche ohnehin verboten sind. Natürlich stellen diese eine Gefahr dar, aber noch weit gefährlicher sind die Online-Spiele wie das derzeit angesagte *Fortnite*. Diese Spiele sind zum einen darauf ausgelegt, die Spieler zu immer weiteren Investitionen anzuhalten.

Neue Waffen, Outfits, Fortschritte aller Art werden durch die Investition von Echtgeld erreicht. Das ist zwar nicht zwingend nötig, aber sehr verführerisch – und oft die einzige Möglichkeit für die Jugendlichen, ihre gleichaltrigen Konkurrenten zu überholen. Eine weitere Gefahr, die von den Online-Spielen ausgeht, sind pädophile Nutzer. Erwachsene, die sich in vorwiegend von Kindern und Jugendlichen genutzten Spielen registrieren und selbst als Kind oder Jugendlicher ausgeben, um vermeintlich harmlose Kontakte zu knüpfen, die letzten Endes den sexuellen Missbrauch von Kindern und Jugendlichen zum Ziel haben.

Während die Wissenschaft zunehmend die Gefährdung der pubertierenden Jugendlichen durch die sogenannten Killerspiele relativiert, tritt die Spielsucht immer deutlicher als Risikofaktor hervor. Nicht die Art des Spiels ist gefährlich – die meisten Jugendlichen können sehr gut zwischen virtueller Gewalt und dem richtigen Leben unterscheiden –, sondern die Zeit, die mit dem Spiel verbracht wird.

Das menschliche Gehirn ist nicht auf stundenlangen Medienkonsum ausgelegt: Das gilt besonders für die Pubertät, wenn das Gehirn eine besonders umfangreiche Entwicklungsphase durchmacht.

Kapitel 8.1: Warum gerade Pubertierende anfällig sind

Pubertierende wollen Grenzen ausloten und neue Beziehungen knüpfen. Gerade innerhalb der Gruppe ist der Zwang zu derartigen Experimenten aber immens hoch. Es ist kein Zufall, dass gerade viele Jugendliche in die Falle des Drogenkonsums und der Spielsucht tappen.
In der Gruppe werden außerdem die gesundheitlichen Risiken, die mit Tabak, Alkohol und Cannabis verbunden sind, lächerlich gemacht und relativiert.

Neben der Entdeckerfreude und der natürlichen Neugier könnte es auch biologische Gründe geben: Im Feldversuch haben US-amerikanische Forscher festgestellt, dass das Gehirn junger Ratten mehr Dopamin ausschüttet, als es bei älteren Tieren der Fall ist. Dopamin ist für das Belohnungssystem des Gehirns wichtig. Das den Ratten verabreichte Kokain erzielte deshalb bei jüngeren Ratten einen höheren Effekt als bei älteren – entsprechend stärker sprachen die Jungtiere deshalb auch der Droge zu.
Noch ist unklar, ob sich diese Erkenntnisse auf Menschen übertragen lassen, aber sie sind in jedem Fall ein Indiz, dass Jugendliche Drogen intensiver erleben als Erwachsene – und deshalb auch aus biologischen Gründen anfälliger sind.

Ein weiterer Grund, warum gerade Jugendliche in der Pubertät oft zu Drogen greifen, liegt in der Pubertät selbst begründet: Es strömt ungeheuer viel auf die Jugendlichen ein. Wir haben in vorherigen Kapiteln ausführlich darüber gesprochen, mit welchen Herausforderungen sich Jugendliche in der Pubertät auseinandersetzen müssen.

Dieser immense Stress muss bewältigt werden – und Drogen versprechen dabei Hilfe. Drogen können nicht nur die Sorgen scheinbar reduzieren, sondern auch vorübergehend verborgene Kräfte beisetzen.

Sie wissen natürlich, dass Kräfte und Trost, der in den Drogen liegt, ein Trugschluss sind. Diese Erkenntnis müssen Sie aber auch Ihrem Kind vermitteln. Deshalb ist Aufklärung oberstes Gebot.

Kapitel 8.2: Aufklärung als oberstes Gebot

Es hilft weder Ihnen noch Ihren Kindern, wenn Sie den Kopf in den Sand stecken und so tun, als gäbe es die Gefahr nicht. Der Elefant steht nun einmal im Raum, ob Sie hinsehen oder nicht. Am besten folgen Sie deshalb der bewährten Maxime: Angriff ist die beste Verteidigung.

Wenn Ihr Kind damit beginnt, sich für Alkohol und Zigaretten zu interessieren, dann rufen Sie nicht das große Tabu aus und schwingen Sie auch nicht den bis zum Himmel erhobenen Zeigefinger. Gehen Sie nüchtern damit um. Wenn Ihr Kind nicht bei Ihnen probieren darf, dann wird es sich an anderer Stelle seine Erfahrungen suchen.
Das heißt natürlich nicht, dass sich Väter jetzt einen feucht-fröhlichen Abend mit ihrem 13-jährigen Sohn machen sollen. Aber lassen Sie Ihr neugieriges Kind ruhig mal am Bier nippen. In den meisten Fällten hat sich das Thema dann erst einmal von selbst erledigt.
Fast alle Kinder mögen nämlich weder Kaffee noch Bier und fühlen sich nur vom Reiz des Verbotenen angezogen. Zögern Sie aber nicht, offen mit Ihrem Kind über die verbundenen Gefahren für die Gesundheit zu sprechen, die auch von den akzeptierten Drogen Koffein und Alkohol ausgehen.

Kapitel 8:
Drogen, Zigaretten, Alkohol und Spielsucht

Beim Rauchen sieht es ein wenig anders aus. Zwar können Sie Ihr Kind nicht letztgültig daran hindern, diese Sache auszuprobieren, aber es sollte schon im Gespräch deutlich darauf hingewiesen werden, welche ernst zu nehmenden Folgen Nikotin auf die Gesundheit haben kann.

Überhaupt ist sachliche und unaufgeregte Information ein probates Mittel der Prävention. Nicht oft genug wiederholt werden kann die Warnung vor allzu häufigen und restriktiven Verboten. Derartige eng gefasste Vorschriften werden von den Jugendlichen als Provokation verstanden – und als Ansporn gedeutet, die Regeln jetzt erst recht zu brechen. Die Jungen und Mädchen in der Pubertät mögen schwierig sein – sie sind aber in den seltensten Fällen blöd. Sinnvolle Gespräche sind möglich, und oft zeigen sich die Jugendlichen dann auch einsichtig.

Soweit es Drogen betrifft, ist auch durchaus umstritten, wie wirksam Prävention ist: Mitunter kann ein umfassendes Thematisieren der Drogenproblematik an der Schule die Risikobereitschaft der Jugendlichen sogar steigern – das ist zumindest die These der jüngeren Forschung.

Natürlich spielt auch immer das Verhalten der Eltern eine Rolle. Wenn Papa mit der dicken Zigarre im Mundwinkel über die Gefahren des Rauchens referiert, dann fehlt dieser Mahnung womöglich ein Stück weit die Glaubwürdigkeit.

Das Vorbild der Eltern sollte nicht unterschätzt werden: Auch wenn die Jugendlichen während der Pubertät alles Mögliche versuchen, um sich vom Elternhaus abzunabeln, orientieren sie sich immer noch am Verhalten von Vater und Mutter. Bei Online-Spielen (nicht den Casino-Spielen, bei denen von Anfang an um Geld gespielt wird) und Computerspielen im Allgemeinen sollten Eltern nicht einfach bestimmte Spiele ganz verbieten (da hilft dann ohnehin schnell der Klassenkamerad), sondern die Zeit regulieren, die im Spiel verbracht werden darf – am besten im Dialog mit dem Sohn oder Tochter.

Kapitel 9: Die Grenzen des Respekts

Grenzen sind nicht mehr sehr gefragt in unserer modernen Welt. Viele Menschen möchten sie am liebsten komplett abschaffen. Während wir die Diskussion über Ländergrenzen gerne der Politik überlassen dürfen, kommen wir um Grenzen im persönlichen Bereich nicht herum. Grenzen sind nicht immer schlecht, sondern können zum einen der Orientierung dienen, zum anderen auch die Verwaltung erleichtern – oder überhaupt erst ermöglichen.

Ein Beispiel: Auch innerhalb Deutschlands gibt es nach wie vor Grenzen, wenn diese auch im Alltag kaum auffallen, weil natürlich niemand kontrolliert wird, der von einem Bundesland zum nächsten fährt. Das heißt nun aber nicht, dass diese Grenzen keine Auswirkungen hätten!

In der Verwaltung, bei der Erhebung von Steuern und Zuständigkeiten der Behörden spielen sie sehr wohl eine Rolle. Und auch für Kinder und Jugendliche sind Grenzen wichtig. Allerdings nehmen Jugendliche in der Pubertät Grenzdefinitionen nicht mehr so diskussionslos hin, wie sie das als Kinder getan haben (wobei auch Kinder schon gern an Grenzsteinen rütteln).

Im täglichen Zusammenleben äußert sich dieses Rütteln an den Grenzen durch ein Verhalten, das Erwachsene gerne als vollkommen respektlos bezeichnen – weil sie es auch so empfinden. Von Seiten der Jugendlichen ist das aber gar nicht unbedingt so gemeint. Auch untereinander zeigen sie dieses Gebaren, Rempeln, Schimpfen, Beleidigen, Beschädigen von Schultaschen und Mobiliar.

Kapitel 9:
Die Grenzen des Respekts

Kurz: Sie erfüllen mit ihrem schlechten Benehmen alle Vorurteile, die ältere Generationen gerne in Bezug auf die Jugend pflegen. Woran liegt das?

Oft an schlechten Vorbildern: Manche Eltern benehmen sich im Alltag leider ganz ähnlich. Sie sind schnell mit Schimpfkaskaden bei der Hand, streiten sich mit den Nachbarn, drängeln an der Kasse, gehen wenig achtsam mit öffentlichem Eigentum um. Pflegen Vater und Mutter einen aggressiven Umgang untereinander, ist das für Kinder ein negativer Orientierungspunkt.

Oft liegt es aber auch einfach daran, dass die pubertierenden Jugendlichen nicht imstande sind, eine Situation und ihre eigene Reaktion darauf adäquat einzuschätzen. Sie reagieren auf Enttäuschungen völlig überzogen – und stoßen damit ungewollt ihr Umfeld vor den Kopf. Viele Grenzverletzungen sind keine bewusste Entscheidung Ihres Kindes, sondern schlicht eine Art Unfall.

In diesem Fall sind Sie als Pannenhelfer und Rettungskraft gefragt, nicht als Unfallgegner. Die Grenzen des Respekts gelten für Kinder und Erwachsene gleichermaßen. Wenn Sie ständig fluchen, wird es Ihnen schwerfallen, Ihrem Kind dieses Verhalten zu   verbieten.
Ihre wichtigste Waffe im Kampf gegen Respektlosigkeit sind Ruhe, Gelassenheit und Konsequenz. Das bedeutet aber nicht, dass Sie auf die Grenzen verzichten sollten. Im Gegenteil.

Kapitel 9.1: Wo liegen die Grenzen? Wie weit darf es gehen?

Kapitel 9:
Die Grenzen des Respekts

In der Geographie gibt es natürliche Grenzen. Das kann ein Fluss sein oder eine Bergkette. Weit häufiger werden Grenzen aber einfach definiert – mitunter ziemlich willkürlich. Im zwischenmenschlichen Bereich ist es ganz ähnlich.

Gute Eltern sind keineswegs Eltern, die alles erlauben. Im Gegenteil: Die Pubertät ist für die betroffenen Kinder und Jugendlichen vor allem eine Phase der Orientierungslosigkeit. Sie suchen Weg- und Bezugspunkte, weil das bisherige Koordinatensystem für die neu erreichten Dimensionen nicht mehr ausreicht.
Solche Orientierungspunkte dürfen – und müssen – auch von den Eltern kommen. Wenn sich Ihre Tochter zum Beispiel sehr sexualisiert und freizügig kleidet, dürfen Sie durchaus eine Grenze setzen. Denn das Mädchen tut sich damit selbst keinen Gefallen, sondern sendet Signale, die ein falsches Publikum anlocken und ihr unter Umständen selbst gefährlich werden. Das gilt um so mehr, wenn sie sich auf diese Weise im Internet präsentiert.

Verständnis von Seiten der Eltern bedeutet keineswegs, dass sie jedes Verhalten ihrer Kinder akzeptieren und dulden müssen. Das wäre sogar ein gefährlicher und folgenreicher Fehler. Es müssen klare Grenzen gezogen werden – die dann aber für beide Seiten gelten.

Wenn der Papa die Mama im Schwitzkasten hält und dabei den Sohn oder die Tochter zu Respekt und Gewaltlosigkeit aufruft, dann wird dieser Appell wenig fruchten. Die Kinder müssen sehen, dass auch die Eltern die Grenzen des Respekts wahren. Rechnen Sie damit, dass Ihr Kind sich im Ton vergreift – auch wegen Nichtigkeiten. Weil das Lieblingskleidungsstück nicht rechtzeitig getrocknet ist, weil ein Lieblingsessen nicht nachgekauft wurde, weil eine gewünschte Zusage nicht gegeben wird.

Die Reaktion kann von einem trotzigen Tränen- und Wutausbruch bis zu derben Beleidigungen reichen. In einer derartigen Situation sind Eltern zunächst einmal vor den Kopf gestoßen und gekränkt.

Der Reflex zu einer harten Antwort liegt nahe. Eine solche würde sie aber nicht weiterbringen. Höchstens in die Bredouille. Denn

Kapitel 9:
Die Grenzen des Respekts

Ihr Kind ist sich seiner Entgleisung vielleicht gar nicht bewusst – oder innerlich selbst erschrocken über seinen Wutausbruch. Es fehlt ihm während der Pubertät an emotionaler Kontrolle, das müssen Sie sich immer wieder bewusst machen.

Deshalb lautet die goldene Regel: Bleiben Sie ruhig, auch wenn es schwerfällt. Reagieren Sie souverän. Schreien Sie nicht zurück! Atmen Sie tief durch und erklären Sie Ihren Standpunkt in Ruhe. Immer wieder. Geduld ist eine Tugend. Vor allem Ihre – denn pubertierende Jugendliche sind nicht unbedingt damit gesegnet.

Wenn Ihr Kind wegen einer Lappalie ein riesiges Drama aufführt – dann kanzeln Sie es trotzdem nicht einfach ab. Denn das ist doch das Problem der Pubertät: Ihr Kind ist zur Hälfte Kind und zur Hälfte auf dem Weg zum Erwachsenen.

Das Heulen über die Kleinigkeit ist die Reaktion des Kindes – und das Kind will ernst genommen und getröstet werden.

Mit dem Jugendlichen hingegen können Sie verhandeln. Klären Sie im Gespräch die Frage: Wo beginnt die Toleranz?

Kapitel 9.2: Wo beginnt Toleranz?

Toleranz ist eines der meistgebrauchten Wörter der Moderne. Der Sinn, mit dem es gefüllt wird, unterscheidet sich aber mitunter ganz erheblich. Oft genug bezieht sich Toleranz nur auf die eigenen Vorstellungen und endet ganz schnell da, wo von diesen abgewichen wird.

Toleranz bedeutet in der Erziehung von Kindern und vor allem im Umgang mit Pubertierenden vor allem, sich selbst in Frage zu stellen: Wo sind die Grenzen, die ich als Vater oder Mutter ziehen möchte, und wo stehen mir einfach nur meine eigenen Vorstellungen als subjektiver Maßstab im Weg? Ein einfaches

Kapitel 9:
Die Grenzen des Respekts

Beispiel: Wenn Ihre Tochter oder Ihr Sohn Musik hört, die Ihnen nicht gefällt (was ziemlich sicher der Fall sein wird, wir reden gleich im nächsten Kapitel darüber), dann ist das weder ein Grund zur Beunruhigung noch ein Anlass für Verbote.

Toleranz und Respekt funktionieren dabei nie als Einbahnstraße. Sie beruhen immer auf Gegenseitigkeit. Auch das Kind muss lernen, die Grenzen seiner Eltern zu tolerieren. Es hilft sehr, darüber zu sprechen und einen gemeinsamen Konsens zu finden. Dieser wird von Kindern in den meisten Fällen eher respektiert als eine strenge und kompromisslose Verordnung von Seiten der Eltern.

Sie als Vater oder Mutter vergeben sich nichts, wenn Sie sich mit Ihren Kindern zum Gespräch hinsetzen und auch einmal über Grenzen verhandeln. Beim Gespräch stellen Sie vielleicht fest, dass Sie Ihrem Kind bei einer Sache entgegenkommen können, während eine andere völlig unverhandelbar ist. Im besten Fall führt dieser vertrauensvolle Austausch auch zu einem besseren Verständnis. Beharren Sie nicht starr auf Ihren Standpunkten, wenn Sie mit ein bisschen Entgegenkommen die Dinge in Bewegung bringen und entschärfen können.

Wenn es um die früher erwähnte freizügige Präsentation bei Instagram geht, können Sie Ihrem Sohn oder Ihrer Tochter (meistens sind es hier doch die Mädchen, die Ihren Körper als Währung nutzen) nicht entgegenkommen. Aber was spricht dagegen, die Ausgeh- oder Schlafengehzeit einmal um eine Viertel- oder halbe Stunde hinauszuschieben?

Mit Ihrer Bewegung und Verhandlungsbereitschaft signalisieren Sie Ihrem Kind, dass Sie es ernst nehmen und auf Augenhöhe mit ihm umgehen möchten. Seien Sie aber immer konsequent! Nichts ist so gefährlich, als in Ihrer Entschlussfestigkeit schwankende Eltern. Wenn Ihr Kind erst einmal herausbekommt, dass Ihre Entscheidungen und Vereinbarungen nicht fix sind, sondern mit genügend Theater gedehnt werden können, dann machen Sie sich erpressbar. Sie müssen in den Augen Ihres Kindes verlässlich sein – und zwar in alle Richtungen.

Kapitel 9:
Die Grenzen des Respekts

Toleranz und Respekt hängen sehr eng zusammen. Und es ist wichtig, dass die unterschiedlichen Gesichtspunkte ausgetauscht und respektiert werden. So werden auch Sie Ihr Kind besser verstehen. Keine Basta-Erziehung, sondern Beziehungsarbeit!

Kapitel 10: Von Gruftis, Ravern, Rappern bis hin zu Metalheads

Musik und Mode waren schon immer eng miteinander verknüpft – und für die Jugend ein wichtiger Code, um sich zu verständigen und eigene Identität zu finden. Heute sind die Möglichkeiten besonders vielfältig und die Jugendlichen stehen gleich mehreren Fraktionen gegenüber, denen Sie sich anschließen können. Darf ich bekanntmachen?

Da wären zum ersten und wichtigsten die Deutsch-Rapper. Rap ist ja diese Art von Musik, die ganz ohne Musik auskommt – finde ich jedenfalls. Ich gehöre aber auch der uncoolen Elterngeneration an. Wenn ich mich mit dem Nachwuchs über dieses Thema unterhalte, bekomme ich ganz andere Einschätzungen zu hören. Deutsch-Rap ist cool.

Und inzwischen sogar irgendwie Mainstream, denn selbst Leute, die eigentlich gar nichts mit diesem Musikstil am Hut haben, können heute etwas mit den Namen Bushido, Sido oder Kollegah anfangen.

Zum Deutsch-Rap gehört die Gangster-Attitüde und teilweise problematische Texte, die nicht eingeweihte Eltern wegen Gewalt- und Sexfantasien mit den Ohren schlackern lassen. Übergroßer Respekt für Frauen und Schwule ist auch nicht unbedingt ein Markenzeichen des Deutsch-Rap. Deshalb ist diese Musikrichtung auch so umstritten und hat teilweise auch die Gerichte beschäftigt. Anhänger des Deutsch-Rap pflegen außerdem einen Kleidungsstil, der eigentlich genau das überhaupt nicht hat: Stil nämlich.

Kapitel 10:
Von Gruftis, Ravern, Rappern bis hin zu Metalheads

Böse Zungen bezeichnen die umgedrehten Mützen, Muskel-Shirts, ausgebeulte Jacken und Hosen sowie Goldkettchen gerne als »Assi-Klamotten«. Aber das sind wirklich ganz böse Zungen.

Eng miteinander verwandt sind Raver und Techno-Fans. Das sind die Lieder, die gefühlt nur aus Percussion bestehen und bei denen die Köpfe und Körper zuckeln, als sei die ganze Disco voll von hochnervösen Wackeldackeln. Oder ein Tennispublikum auf Speed: Sie haben das vielleicht schon mal im Fernsehen gesehen, wenn in Wimbledon die Köpfe nach links und rechts klappen wie bei einem Metronom, immer dem Ball nach.

Gruftis sind leicht zu erkennen. Deren Kleidung und Auftreten bewegt sich zielsicher immer irgendwo zwischen Beerdigung und Halloween-Party. Auch im Hochsommer. Wobei sie da lieber in ihren dunklen Zimmern bleiben und laute Musik hören.

Gruftis heißen auch Gothics, und ihre Musik klingt manchmal wie eine Mischung aus Kirchenmusik, Mittelalter und Rock.

Die Metalheads sind Liebhaber rustikaler Musikkunst. Sie mögen es laut. Sehr laut. Ach was, laut ist eigentlich gar kein Ausdruck. Wenn eine Abrissbirne singen würde, käme Heavy Metal dabei heraus. Der kehlige Gesang, der immer an einen heiseren Löwen erinnert, tut sein Übriges.

Natürlich begleitet von voll aufgedrehten E-Gitarren. Wenn Sie einen Nachbarn haben, den Sie nicht leiden können, sollten Sie Ihren Sohn oder Ihre Tochter zum Heavy-Metal-Fan erziehen. Mit etwas Glück zieht der ungeliebte Nachbar dann bald freiwillig aus. In gewisser Weise sind die Klänge und die Kleidung nichts weiter als ein Kokon, in den sich die Jugendlichen einspinnen wie eine Raupe, um irgendwann (hoffentlich) als schöner Schmetterling zu schlüpfen. Ein lauter und anstrengender Kokon, aber eben doch nur ein Kokon.

Kein Grund zur Panik also – und schon gar nicht Anlass für übereilte Reaktionen.

Kapitel 10.1: Damals und heute – ein Generationenunterschied

Die Jugend hat ihre eigene Sprache, ihre eigenen Moden und ihre eigenen Trends. Als Erwachsener tut man sich damit mitunter recht schwer – und fühlt sich so richtig alt. Aber eigentlich hat sich gar nicht so viel geändert im Vergleich zu früher: Zu allen Zeiten hat die Jugend Musik gehört und Kleidung getragen, die bei den Erwachsenen ihrer Zeit nur für Naserümpfen gesorgt hat. Kennen Sie noch die Beatles? Oder Elvis Presley? Wirken heute irgendwie brav, waren damals aber schwere Revoluzzer. Schon diese Pilzköpfe! Wer geht denn bitte so auf die Straße?

Individualität und Abgrenzung sind Schüsselwörter der Pubertät. Und die Mode ist ein wichtiges Mittel, mit dem Ihr Kind genau diesen Zweck erreichen möchte. Heute ist das aber so schwer wie nie zuvor – weil sich die Generationen nicht mehr einheitlich kleiden. Haben Sie noch nie Mutter und Tochter beim Einkaufen gesehen und für Schwestern gehalten, weil der Kleidungsstil so ähnlich ist? Auch ältere Männer tragen ganz selbstverständlich Jeans, T-Shirt oder Biker-Jacke.

Akzeptiert wird heute fast alles. Weil nahezu jedermann seinen individuellen Kleidungsstil pflegt und anziehen darf, was immer er möchte, in allen denkbaren Kombinationen, müssen die Jugendlichen, die sich unbedingt abheben und auszeichnen möchten, zu immer radikaleren modischen Mitteln greifen. Dabei hilft Ihnen ein wachsendes Angebot im Internet, das ein praktisch unerschöpflicher Quell an neuen Ideen und Trends ist. Eltern müssen sich auf diese Entwicklung einstellen und sollten nicht vergessen, dass hier im Kern dasselbe geschieht wie zu ihrer eigenen Jugend.

Kapitel 10:
Von Gruftis, Ravern, Rappern bis hin zu Metalheads

Wenn Sie alte Fotos aus Ihrer Schulzeit betrachten, dann werden Sie sicher das eine oder andere entdecken, das Ihnen heute peinlich ist. Und Ihre Kinder würden sich wahrscheinlich kaputtlachen. Denn eine Sache vereint die Generationen: Mit ein paar Jahren (oder Jahrzehnten) Abstand fragt man sich mitunter ganz ratlos, was man da früher eigentlich für einen Mist gehört oder getragen hat. Übrigens ist Kindern und Jugendlichen die Marke einer Kleidung wichtiger als die Herkunft.

Unter Umständen können Sie es also auch einmal mit Second-Hand-Ware versuchen, um das Budget zu drücken. Achten Sie aber auf seriöse Angebote, denn gerade die begehrten Marken werden gerne kopiert und als Fälschungen für vermeintlich günstige Preise im Internet angeboten.

Kapitel 10.2: Wann ist es genug?

Jetzt reicht's! Das ist ein Satz, der von den Pubertätswehen ihrer Kinder genervten Eltern durchaus einmal entfährt. Aber wann stimmt er eigentlich? Wann reicht es wirklich? Und was reicht überhaupt? Wir haben bisher immer wieder an die Verständnisbereitschaft der Eltern appelliert und Toleranz eingefordert. Das gilt im Kern auch jetzt noch. Aber nicht in jedem Fall.

Trotzdem sollten Sie grundsätzlich gute Mine zum bösen Spiel machen und Ihren Kindern während der Pubertät möglichst freie Hand lassen, wenn es um die Wahl der Kleidung geht.

Sehr viel Einfluss haben Sie ohnehin nicht, und so mancher Jugendliche, der zu Hause von seinen Eltern gemaßregelt wurde, geht halbwegs korrekt gekleidet aus dem Haus und nimmt auf dem Schulweg noch kleine Korrekturen vor – bis hin zum

Kapitel 10:
Von Gruftis, Ravern, Rappern bis hin zu Metalheads

kompletten Outfitwechsel. Sprechen Sie auf jeden Fall mit Ihren Kindern über deren Modewünsche. Teilen Sie ruhig Ihre Gedanken mit, aber stellen Sie sich auch die Frage: Geht es nur um Geschmack, oder gibt es tiefergehende Gründe?

Denken Sie daran: Kinder wollen und müssen ihren eigenen Weg finden, und Sie tun Ihrem Sohn oder Ihrer Tochter keinen Gefallen, wenn Sie ihn/sie ständig in die Enge drängen. Oft steckt auch nur die Lust am Ausprobieren dahinter.

Beziehen Sie Ihr Kind vor allem in die Auswahl der Kleidung mit ein. Die Zeit, in der Sie morgens bestimmt haben, was getragen wird, sind in der Pubertät vorbei – spätestens. Lassen Sie Ihr Kind auch seine Kleidung selbst kaufen, wenn es das möchte. Von den meisten Kleidungsstücken geht keine wirkliche Gefahr aus – außer, dass sich der Träger ein bisschen zum Obst macht. Aber Obst ist bekanntlich gesund, und gerade Kinder und Jugendliche brauchen viele Vitamine.

Manchmal hilft aber alles nichts, dann müssen Sie eingreifen – immer dann, wenn es um die Schattenseiten der Extreme geht.

Kapitel 10.3: Schattenseiten der Extreme

Sexualisierte Kleidung ist insbesondere bei Mädchen ein großes Thema. Eine 12-Jährige, die sich kleidet, als wäre sie 17 und allzu sehr ihre Reize betont, löst bei vielen Eltern Unwohlsein aus und kann auch gefährliche Begehrlichkeiten bei Männern wecken. Wenn Ihre Tochter sich intensiv schminkt, dann will Sie vielleicht nur verschiedene Schminktechniken ausprobieren und die Wirkung auf ihr Umfeld erproben. Wenn Sie sich allzu sehr aufregen, dann wird dieser »Skandal« möglicherweise als Erfolg verbucht.

Es ist absolut geboten, in einem solchen Fall das Gespräch zu suchen. Aber auch in diesem extremen Fall sollten Verbote die Ausnahme bleiben. Besser ist es, wenn sie einen Kompromiss aushandeln und Ihrer Tochter so weit wie möglich entgegenkommen, aber eben auch klare Grenzen ziehen. Es klingt abgedroschen und wurde schon so oft bemüht, aber es gibt einfach keinen Ersatz für das vertrauensvolle Gespräch. Das Schwierige daran für Sie: Sie müssen cool bleiben.

Einfach immer cool bleiben, egal, was Ihnen Ihre Tochter oder Ihr Sohn an den Kopf wirft.

Schwierig wird es auch, wenn Ihr Kind fragwürdige Marken tragen möchte – zum Beispiel Thor Steinar, eine Bekleidungsmarke, die eindeutig dem rechtsextremen Spektrum zugeordnet wird. Zeigt Ihr Kind eine derartige Vorliebe, dann dürfen Sie diese Kleidung nicht nur verbieten, sondern sollten auch schnellstmöglich zu ergründen versuchen, ob dahinter eine politische Überzeugung steckt – oder nur die Lust am Provozieren.

Kapitel 11:
Leistungen in der Schule

Ein geradezu klassisches Thema: die Schule. Manche Eltern können es kaum fassen, wie ihr geliebter Sprössling, der einst so stolz mit seiner Schultüte zur ersten Unterrichtsstunde aufgebrochen war, plötzlich gegen die Schule rebelliert.

Dahinter muss gar nicht immer gleich eine wirkliche Abneigung gegen die Schule stehen, sondern oft ist es auch einfach nur Überforderung. Der pubertierende Jugendliche bekommt die zahllosen Eindrücke, die auf ihn einströmen und die er verarbeiten muss, nicht mehr mit den schulischen Anforderungen in Einklang gebracht. Stellen Sie sich vor, Sie fahren als Kind mit Ihren Eltern in einen Vergnügungspark, vielleicht nach Disneyland. Und am Eingang, wo es schon nach Zuckerwatte und Pommes riecht, fröhliche Musik herüberschallt und die ersten bunten Figuren und Gebäude zu sehen sind, sagen ihre Eltern plötzlich zu Ihnen: Jetzt machst du aber erst die Hausaufgaben. Da hätten Sie auch wenig Lust, nicht wahr?

Ein bisschen ist die Pubertät wie Disneyland. Okay, wie ein Disneyland mit ein paar wirklich dunklen Ecken. Aber es gibt so viel zu entdecken und zu lernen – da haben die Hausaufgaben Zeit. Denken die Kinder. Und dann kommt mitunter der Absturz. Oft ist es auch einfach das emotionale Chaos, das die Konzentration erschwert.

Das Paradoxe an der Pubertät: Obwohl die schulischen Leistungen oft einbrechen, sind die Jugendlichen eigentlich andauernd mit Lernen beschäftigt. Kaum eine Zeit, in der so viel gelernt wird wie die Pubertät – nur eben im wahrsten Sinne für das Leben und nicht für die Schule.

Kapitel 11:
Leistungen in der Schule

Nun ist aber die Schule für das Leben nicht eben unerheblich. Nicht, weil man so viel Wichtiges lernt, sondern weil die Abschlüsse eben eine entscheidende Weichenstellung für die spätere berufliche Laufbahn bedeuten. Deshalb muss man sich mit der Schule auseinandersetzen – wohl oder übel. Eltern können also nicht einfach verständnisvoll zur Seite sehen, wenn sich die Kinder an der Schule schwertun. Für Jugendliche in der Pubertät sind Belohnungen wichtig. Das bedeutet: Positives Feedback, erstrebenswerte Anreize sind als Motivation äußerst wirksam. Bestrafungen hingegen zeigen kaum Wirkung.

Eine englische Studie hat herausgefunden, dass Jugendliche sich bei einem Gewinnspiel mit Symbolen genau jene Zeichen, die mit Gewinnen belegt waren, besonders gut merken konnten – besser als Erwachsene. Diejenigen Symbole hingegen, die mit Strafen behaftet waren, konnten die Jugendlichen weniger gut wiedererkennen. Das ist sehr interessant und heißt: Think positive! Lehrer können in der Schule ihre Inhalte auf diese Bedürfnisse ausrichten – und auch Eltern können mit positiven Anreizen arbeiten. Man könnte die richtige Erledigung der Hausarbeiten zum Beispiel einmal mit einer verlängerten Ausgehzeit am Wochenende belohnen. Oder die Erfüllung eines Kleidungswunsches an eine gute Zensur knüpfen.

Wichtig ist vor allem, dass eine positive Erwartungshaltung aufgebaut wird und kein negativer Druck. Loben Sie Ihr Kind für Erfolge und spornen Sie es an. Nehmen Sie sich auch die Zeit und helfen Sie einmal bei den Hausaufgaben, wenn es so gar nicht laufen will. Das heißt natürlich nicht, dass Sie Sohnemanns Aufsätze schreiben und Töchterchens Rechenaufgaben lösen sollen. Aber eine interessant gestaltete Zusammenarbeit bei der Bewältigung einer Aufgabe ist weit interessanter für die Kinder als ein langsames Arbeiten im Zimmer.

Oft hilft es auch schon, wenn die Jugendlichen nach der Schule erst einmal abschalten können. Bestehen Sie nicht auf eine sofortige Erledigung der Hausarbeiten, sondern handeln Sie einen Kompromiss aus: Eine Stunde Videospielen, dann eine Stunde Hausarbeiten. Oder so ähnlich.

Kapitel 11:
Leistungen in der Schule

Sie kriegen das schon hin. Zur Not fragen Sie eben Ihre Kinder, die haben bestimmt eine Idee. Denn auch das hat die Pubertät: schöne Seiten. Vernünftige Gespräche mit den Kindern sind eine davon.

Kapitel 12: Die schönen Seiten der Pubertät

Wir hatten es im Vorwort versprochen: Pubertät ist eine schöne Zeit. Das war natürlich eine Übertreibung, aber tatsächlich hat diese besondere und oft schwierige Phase auch ihre schönen Seiten. Plötzlich kann man mit den Kindern etwas anfangen, der Gesprächshorizont weitet sich, das gegenseitige Verständnis wächst. Es ist ein bisschen wie der Sprung vom Nichtschwimmerbecken mit Schwimmärmeln hin zum Tiefseetauchen. Das Erlernen der Technik kostet Schweiß und Nerven, aber wenn man die Gerätschaften erst einmal gebändigt hat und die Abläufe kennt, dann eröffnen sich neue Welten von einer bis dahin ungekannten Tiefe.

Sie müssen sich nicht immer nur mit Ihren Kindern beschäftigen und sie bespaßen – sie können mit Ihnen richtig reden.

In der Pubertät zeigen die Kinder und Jugendlichen auch plötzlich individuelle Stärken. Sie freuen sich auch durchaus, wenn sie als Erwachsene behandelt und um Rat gefragt oder mit Aufgaben betraut werden. Sie möchten sich beweisen und zeigen gerne ihre Selbstständigkeit.

Je ernster Sie Ihr Kind nehmen, desto reifer werden Sie es erleben. Nicht immer, aber immer öfter. Viele Streit-Themen lassen sich vermeiden, wenn die Beziehung zwischen Eltern und Kindern stimmt. Wenn es am Anfang noch wegen jeder Kleinigkeit knirscht und zischt, die Eltern aber ruhig bleiben, dann lernt das Kind eine neue Diskussionskultur kennen und aus dem Streit wird ein Gespräch. Das ist für beide Seiten bereichernd! Die Welt verändert sich so schnell wie noch nie zuvor. Und niemand begreift diese Veränderungen schneller als Kinder und Jugendliche während der Pubertät.

Kapitel 12:
Die schönen Seiten der Pubertät

Lassen Sie sich die moderne Technik, die Sie nicht ganz durchschauen, ruhig einmal von Ihren Kindern erklären. Hören Sie vorurteilsfrei zu, wenn Ihr Kind Ihnen angesagte Trends erklärt. Versuchen Sie, die Begeisterung oder das Interesse nachzuvollziehen. Das wird auch Ihnen Türen öffnen.

Denn es ist keineswegs so, dass Pubertierende nur lernen – sie sind mitunter auch ganz großartige und wertvolle Lehrer. Wenn man sie lässt. Manchmal müssen Sie nur das Gewitter aushalten und warten, bis die Sonne wieder zum Vorschein kommt – plötzlich sieht die Wiese so saftig und grün aus wie nie zuvor.

Aus dem hässlichen Entlein ist bekanntlich ein schöner Schwan geworden: Die Pubertät verspricht Ihnen Ähnliches, wenn Sie es nur richtig anstellen.

Resümee

Resümee

Na, das war doch gar nicht so schlimm? Mit der Pubertät verhält es sich ein bisschen wie mit einem Zahnarztbesuch: Man sieht dem Ganzen mit banger Erwartung und ein wenig Furcht entgegen, nur um im Anschluss festzustellen: Es hat ja gar nicht wehgetan. Jedenfalls nicht so sehr, wie man sich das vielleicht im Vorfeld ausgemalt hat. Ich meine: Früher haben wir uns geschämt, mit zerrissenen Klamotten nach Hause zu kommen – heute schämen sich die Kinder, ohne zerrissene Hosen auf die Straße zu gehen. Wussten Sie, dass Hosen mit Löchern teurer sein können als solche ohne? Und warum verkauft ein Edel-Modelabel wie Gucci jetzt für teures Geld Hosen mit Grasflecken?

Wir haben die zu meiner Zeit immer selbst hinbekommen. Unbezahlt. Höchstens eine Standpauke von Muttern gab's, wenn der Wäschekorb wieder übervoll war. Heute ist das ein Statussymbol! Muss ich das verstehen? Nein. Will ich das überhaupt verstehen?

Erst recht nicht. Macht es im Verhältnis zu meinen Kindern einen Unterschied? In keiner Weise.

Immer wieder gerne denke ich an den Satz zurück, mit dem mich meine Frau am Abend häufig begrüßte: »Na, hast du heute schon unseren Sohn kennengelernt?« Tatsächlich war der Sohn des einen Tages oft grundverschieden von dem Sohn des anderen Tages. Und später bei unserer Tochter war es nicht viel anders. Es war ein Rubbellos, bei dem jeden Tag aufs Neue spannend war, was unter dem Feld wohl zum Vorschein kommen würde.

Und wie es bei einer Lotterie so ist: Mal gewinnt man, mal verliert man. Man darf nur eben nicht aufhören, die Felder freizurubbeln. Was natürlich nicht heißen soll, dass ich Sie an dieser Stelle zum Glücksspiel auffordern möchte. Aber es ist ein bisschen vom Glück und von der Tagesform abhängig, was Ihnen begegnet.

Resümee

Die beste Vorbereitung auf die Pubertät beginnt bei der Geburt. Beschäftigen Sie sich von Anfang so viel wie möglich mit Ihrem Kind und sorgen Sie für ein allmählich wachsendes Nähe- und Vertrauensverhältnis. Vertrauen lässt sich nicht an- und ausknipsen wie eine Stehlampe. Es muss beständig gehegt und gepflegt werden. Wenn Ihr Kind Ihnen vertraut und eine enge Beziehung mit Ihnen pflegt, dann wird die Pubertät deshalb nicht zum Selbstläufer.

Und es kann auch trotzdem zu schmerzhaften Abnabelungsprozessen kommen. Aber es ist ein gutes Fundament gelegt, ein verlässliches Sicherheitsnetz gespannt, ein kräftiger Airbag aufgepolstert. Und wenn am Ende alles vorbei ist, dann können Sie irgendwann mit Ihren Kindern auf der Couch sitzen und sagen: War doch gar nicht so schlimm.

Ich wünsche Ihnen fröhliches Pubertieren!

Printed in Germany
by Amazon Distribution
GmbH, Leipzig